Vivir con alegría

Sanaya Roman

Vivir con alegría

Claves para el poder personal y la transformación espiritual

EDICIONES OBELISCO

Si este libro le ha interesado y desea que le mantengamos informado
de nuestras publicaciones, escríbanos indicándonos qué temas son de su interés
(Astrología, Autoayuda, Ciencias Ocultas, Artes Marciales, Naturismo,
Espiritualidad, Tradición…) y gustosamente le complaceremos.

Puede consultar nuestro catálogo en www.edicionesobelisco.com

Colección Nueva Conciencia
VIVIR CON ALEGRÍA
Sanaya Roman

1.ª edición: enero de 2022

Título original: *Living with Joy*

Traducción: *Juli Peradejordi*
Corrección: *TsEdi, Teleservicios Editoriales, S. L.*
Diseño de cubierta: *TsEdi, Teleservicios Editoriales, S. L.*

© 1986, 2011, Sanaya Roman
Primera edición publicada en Estados Unidos en 1987 por H J Kramer / New World Library
(Reservados todos los derechos)
© 2022, Ediciones Obelisco, S. L.
(Reservados los derechos para la presente edición)

Edita: Ediciones Obelisco, S. L.
Collita, 23-25. Pol. Ind. Molí de la Bastida
08191 Rubí - Barcelona - España
Tel. 93 309 85 25
E-mail: info@edicionesobelisco.com

ISBN: 978-84-9111-810-7
Depósito Legal: B-18.758-2021

Impreso en los talleres gráficos de Romanyà/Valls S. A.
Verdaguer, 1 - 08786 Capellades - Barcelona

Printed in Spain

*A todos los que estáis aprendiendo a crecer a través de la alegría
en lugar de a través de la lucha o el dolor,
por abrir la puerta
para que la humanidad haga lo mismo.*

Bienvenidos a la 25.º edición del aniversario de *Vivir con alegría*

Bienvenidos a esta edición revisada y actualizada de *Vivir con alegría*. Desde que publiqué este libro por primera vez, cientos de miles de personas han utilizado y practicado los principios que contiene.

Esta edición del 25.º aniversario contiene mucho material nuevo, así como todos los capítulos originales para ayudarte a crecer a través de la alegría, la paz y el amor, y a liberarte de la lucha y el dolor. Los capítulos y las «Hojas de actividades» del libro original contienen conceptos y procesos clave para vivir con alegría, por lo que toda la información original está incluida en este libro. Además, he hecho una serie de adiciones al texto para profundizar y ampliar los principios enseñados en la edición original del libro. También he añadido una «Práctica diaria de la alegría» y una serie de «Afirmaciones» sobre la alegría al final de cada capítulo para ayudarte a dar vida a la comprensión que estás adquiriendo al leer este libro sobre cómo vivir una vida más alegre y plena.

Cuanto más estudies este libro y trabajes con las prácticas, más podrás sacar de él, más vivo y seguro de ti mismo te sentirás, y más expansión y crecimiento podrás experimentar. Puedes sentirte elevado, capaz de manejar con confianza a las personas y situaciones de tu vida. Puedes mantener un sentimiento de paz interior independientemente de lo que ocurra a tu alrededor. Puedes amar y disfrutar de tu vida. Puedes esperar con ilusión cada día. Puedes aprender a no verte afectado negativamente por la energía de otras personas o por los acontecimientos del mundo, sino tener una perspectiva positiva y ofrecer tu energía positiva a los demás. Puedes atraer hacia ti mejores circunstancias a través de tu perspectiva positiva. Puedes vivir con alegría.

Cómo sacar el máximo provecho de las Prácticas diarias de la alegría

En esta edición revisada, he incluido una Práctica diaria de la alegría al final de cada capítulo. Puedes utilizar estas prácticas para acelerar y ampliar tu capacidad de vivir con alegría y afectar positivamente al mundo que te rodea. Puedes trabajar con las Prácticas diarias de la alegría una y otra vez para que te ayuden a alinearte con tu verdadero ser interior y a experimentar su alegría, paz, amor, armonía, libertad, claridad y mucho más de forma continuada.

Al principio de cada día (o cuando prefieras), puedes utilizar la Práctica diaria de la alegría para conectar con tu ser más interno, recibiendo las maravillosas cualidades de su energía. Puedes experimentar cada día de forma nueva y elevada mientras te abres a recibir toda la energía que tu ser más íntimo –tu ser más elevado y tu alma– tiene para ofrecerte. Conectar con tu yo más íntimo te permite alinear tu vida exterior con lo que eres en tu interior. Así podrás experimentar y expresar tu verdadero yo a lo largo del día en tus palabras, pensamientos, sentimientos e interacciones con los demás.

Las Prácticas diarias de la alegría te piden que imagines el día que tienes por delante. Imaginarás cómo podría ser tu día si aportas alguna de las cualidades que se enseñan en este capítulo, como la alegría, el amor propio, la apertura a la recepción, la paz interior, la claridad, la libertad y el reencuadre de lo negativo en lo positivo.

Lo más importante es entrar en contacto
con tu ser más íntimo.

10

El paso más importante de cada práctica es entrar en contacto con tu alma, tu yo más íntimo. Mientras realizas estas prácticas, tómate el tiempo necesario para sentir este ser y creer que es real, tanto si puedes percibirlo, sentirlo o visualizarlo como si no. Si no puedes sentir tu alma o tu yo más íntimo de ninguna manera en particular, imagina que está contigo, porque siempre lo está. Sigue mis sugerencias para abrirte a su amor, su luz, su armonía, su alegría y su paz, como se indica en cada práctica.

Cada vez que te pones en contacto con tu ser más íntimo a través de tu intención de hacerlo, estás creando un canal más grande hacia este ser. Cuanta más atención pongas en este ser más interno, más presente estará en tu vida y sus maravillosas cualidades se convertirán en parte de tu conciencia.

Al entrar en contacto con tu ser más íntimo, su energía sale a través de ti.

Cuando conectas conscientemente con tu alma, tu yo más interno, y visualizas o imaginas el día que tienes por delante, su energía sale a través de ti. Despeja los obstáculos y abre el camino para que tengas un día más elevado, mejor y más positivo. Tu alma te proporciona muchas oportunidades para experimentar cualquier cualidad que estés practicando ese día. Has de saber que todo lo que venga a ti durante el día será debido a tu petición de profundizar en una cualidad del alma, como la paz interior, la alegría, el amor, la libertad o la claridad. Imagina que el Universo se está organizando para darte los regalos de conciencia que has pedido. Aprende que tu verdadero ser interior siempre está trabajando para ti y contigo, y que siempre tiene en mente tu más alto bien.

Utilizarás tu imaginación para visualizar el día que tienes por delante. La imaginación es una facultad muy poderosa, ya que al conectar con tu yo más íntimo e imaginar que vives tu día con una nueva calidad, estás creando esto como tu realidad. Si quieres, puedes grabar estas prácticas con tu propia voz y reproducirlas para utilizarlas como meditación diaria. Además, he producido grabaciones de audio de estas prácticas para que las utilices. Para obtener información sobre ellas, consulta al final del libro.[1]

Resulta útil antes de acostarse, o en algún momento cercano al final del día, reflexionar sobre los acontecimientos del día y cómo has manifestado la cualidad en la que te has centrado. Reconoce lo que te ha parecido nuevo o diferente de tu día. Observa qué oportunidades se te han presentado para experimentar la cualidad en la que te has centrado. Reflexiona sobre lo que sentiste al responder de nuevas maneras, al tener diferentes perspectivas, pensamientos y sentimientos sobre ti mismo y los demás.

Puedes ampliar las prácticas como quieras. A medida que profundizas y abres la conexión con tu ser interior, puede hacerte consciente de otras cualidades del alma en las que trabajar durante el día, además de las cosas en las que te guío para que te centres en las prácticas. Tu yo interior es muy creativo y te proporciona varios medios y métodos para ampliar tu capacidad de lograr una vida feliz, armoniosa y pacífica.

Detente y afirma tu intención de trabajar con tu yo más interno para producir cambios concretos y positivos en tu vida. Pídele que se una a ti ahora mismo y que esté presente mientras lees este libro. Estate abierto a todos los maravillosos cambios de conciencia que te esperan.

Instrucciones para las Afirmaciones para *Vivir con alegría*

He creado muchas Afirmaciones para *Vivir con alegría* para que las uses como una forma de crear tu realidad con los nuevos pensamientos y posibilidades para vivir con alegría que se ofrecen en cada capítulo. Puedes utilizar estas afirmaciones como una forma de experimentar aún más profundamente la transformación de la conciencia que es posible al leer y usar estos principios. Estas afirmaciones resaltan algunos de los puntos clave, los conceptos más importantes y la comprensión que se ofrece en cada capítulo.

---

1. La autora se refiere a grabaciones en inglés no disponibles en español, por esta razón hemos omitido estas páginas del final del libro. *(N. del T.)*

Las afirmaciones son energía viva
que te trae regalos de conciencia.

Las afirmaciones se convierten en energía viva cuando se practican con convicción y sentimiento, con un sentido de tu conexión con tu ser interior. Cada afirmación lleva consigo la semilla de una conciencia completamente nueva. Incluso decirla una sola vez te aporta una semilla de nueva conciencia. A medida que practiques el uso de las afirmaciones, podrás recibir los muchos regalos que hay en cada una de ellas. Esta nueva conciencia se desarrollará en la medida en que la afirmación resuene en ti, en la fuerza de tu intención de hacerla realidad y en tu apertura para recibirla. Incluso si tu guía interior te anima a trabajar con sólo una de las afirmaciones, cualquier afirmación puede abrir todo un universo de nuevas percepciones y conciencias.

Tienes el poder de hacer de estas afirmaciones
tu realidad.

He diseñado las Afirmaciones de la alegría para que, a medida que las utilices, se despierte tu potencial de mayor alegría, libertad y amor. Pensar en estas afirmaciones, reflexionar sobre lo que significan para ti y luego decirlas en silencio o en voz alta para ti mismo puede crear un cambio definitivo en tu capacidad de alegría.

Mientras pronuncias estas afirmaciones, haz una pausa y siente la realidad y el poder del «yo» dentro de ti, tu ser más íntimo, para crear estas afirmaciones como tu realidad. Las palabras en sí mismas no tienen poder. Es la energía de tu ser más íntimo a la que estás llamando cuando pronuncias estas afirmaciones la que tiene el poder de hacer que estos pensamientos se conviertan en realidad. Imagina que sientes el poder, el amor y la sabiduría de la parte más íntima de tu ser, tu alma y tu espíritu, mientras pronuncias cada afirmación, fortaleciendo tu capacidad de hacer que la afirmación se haga realidad para ti. Utiliza estas afirmaciones como una forma de abrir la puerta a todas las riquezas y regalos de conciencia que tu verdadero ser interior está esperando para darte cuando pidas y estés abierto a recibir.

Al pronunciar estas afirmaciones, conviértelas en una declaración de tu intención de que se conviertan en tu realidad. ¿Qué significa esto? Cuando estableces tu intención de tener algo, el Universo responde ayudándote a que tu intención se haga realidad. Mientras afirmas estas cosas, imagina que tienes la intención de que se conviertan en tu realidad. Imagina que ya son tu verdad, no algo que tendrás en el futuro, sino algo que ya tienes ahora mismo.

Para convertir estas afirmaciones en tu realidad, repítelas con sentimiento y comprensión.

Mientras pronuncias cada afirmación, lleva toda tu conciencia a lo que estás diciendo. Mientras te las dices a ti mismo con sentimiento, puedes encontrar que nuevas imágenes, pensamientos, comprensiones e intenciones se están formando en tu mente. Es mejor elegir unas pocas afirmaciones que tengan significado para ti que repasar mecánicamente la lista. Las afirmaciones no te ayudarán a crear una nueva realidad si las repites sin sentido una y otra vez. En su lugar, repite cada una con sentimiento. Ábrete al significado más profundo de la afirmación y al elevado camino en el que te coloca cuando esta afirmación se convierte tu realidad. Repite a lo largo del día cualquier afirmación que te atraiga hasta que percibas un cambio, o hasta que sientas que estos estados se están convirtiendo en algo que es posible tener. Hay mucho poder en la repetición. A medida que te repitas estas afirmaciones, los pensamientos que contienen se asentarán en tu conciencia y se convertirán en parte de tu realidad. A medida que esto ocurra, tu vida empezará a cambiar para adaptarse a esta nueva realidad interior.

Practica la lectura de estas afirmaciones en diferentes momentos del día y en varios estados de conciencia. Por la mañana, elige varias en las que quieras centrarte y repítelas a lo largo del día mientras piensas en ellas. También puedes encontrar otras afirmaciones que quieras crear como tu realidad, y reflexionar sobre ellas antes de irte a la cama. Toma las afirmaciones que tienen un significado especial para ti y escríbelas en un papel o ponlas en tu ordenador, donde las verás a menudo. También puedes grabarlas con tu propia voz y reproducirlas mientras trabajas en casa, haces ejercicio, conduces o cuando puedas escucharlas.

Cada afirmación puede abrir una puerta
a una nueva forma de pensar y vivir.

Es posible que cada vez que vuelvas a la lista de afirmaciones que aparece al final de cada capítulo, te sientas atraído por afirmaciones diferentes a las de la última vez que las revisaste. Algunas afirmaciones en las que no te habías fijado antes pueden llamar tu atención. Utiliza sólo aquellas afirmaciones que te parezcan apropiadas y que sean algo que quieras crear como tu realidad. Es importante que las palabras te resulten cómodas y estén en consonancia con lo que eres. Siéntete libre de sustituirlas por otras palabras que tengan un significado especial para ti, ya que el poder de las afirmaciones aumenta cuando las declaraciones resultan cómodas y tienen un significado completo. También puedes crear tus propias afirmaciones.

Las afirmaciones proporcionan un camino muy potente
y poderoso hacia la alegría.

Puedes utilizar las afirmaciones de este libro para acelerar los muchos cambios maravillosos y positivos en tu vida diaria que se producirán al poner en práctica los principios y conocimientos que se enseñan en él. Tanto si lees los capítulos como si haces las prácticas, puedes crecer simplemente practicando estas afirmaciones, estas declaraciones de intención, y abriéndote a recibir los regalos de la conciencia que guardan cada una de ellas. [*Nota de Sanaya*: Tenemos una Sala de Afirmaciones en nuestro sitio web, www.orindaben.com, donde puedes leer un gran número de afirmaciones gratuitas, incluidas las de este libro].

Las Hojas de actividades, las Prácticas diarias de la alegría y las Afirmaciones de la alegría que se ofrecen en este libro pueden ser usadas juntas para expandir en gran medida los cambios en tu vida y tu conciencia. Te ofrecen muchas maneras de practicar la vida con alegría, sintiendo la maravillosa libertad, el amor y la paz de tu ser más íntimo.

Ábrete a todo lo que puedes tener y a todo lo que te espera, ¡porque puedes vivir con alegría!

Introducción de Sanaya Roman

Bienvenidos todos los que estáis leyendo este libro. Si éste es el primer libro de Orin que lees, estoy encantada de que te unas a nosotros para aprender más sobre cómo vivir con alegría. Si has leído otros libros de Orin, me alegra tener esta oportunidad de unirme a ti de nuevo mientras das un paso más en tu camino espiritual al tiempo que te abres a más alegría, paz y amor dentro de ti.

Cuando Orin sugirió por primera vez que trabajáramos en una edición del vigésimo quinto aniversario de *Vivir con alegría*, sentí inmediatamente la alegría que supondría dedicarme a este libro día a día durante un largo período de tiempo. Mi editora y amiga, Linda Kramer, estuvo de acuerdo en que era una buena idea, así que Orin y yo empezamos a trabajar en esta edición revisada de *Vivir con alegría*.

Dado que la versión original de Orin de *Vivir con alegría* ha tocado a cientos de miles de personas con su mensaje de esperanza, amor y alegría y ha creado tantos cambios en la vida de la gente, Orin conservó los capítulos originales e hizo una serie de adiciones al texto para profundizar en los principios enseñados en la edición original del libro y ampliarlos. Orin también quería ampliar el potencial de la gente para vivir una vida alegre, amorosa y pacífica mediante la incorporación de una Práctica diaria de la alegría y muchas nuevas Afirmaciones de la alegría al final de cada capítulo.

Las Prácticas diarias de la alegría ofrecen muchas maneras de experimentar la transformación que Orin sugiere en cada capítulo. Las afirmaciones destacan los cambios clave presentados en cada capítulo. Son semillas vivas de conciencia que pueden desplegarse en tu vida a medida que te las dices a ti mismo mientras te concentras en su significado, en un estado de receptividad abierta a los cambios positivos que pueden provocar.

Mientras trabajaba con Orin en las Prácticas diarias de la alegría y en las Afirmaciones de la alegría, así como cuando leía y releía la información de cada capítulo y de las Hojas de actividades, experimenté un cambio en mis sentimientos y en mi capacidad para encarnar los principios y las verdades espirituales contenidas en este libro. Aunque he estudiado y utilizado estos principios durante muchos años, empecé a reconocer formas sutiles en las que podía elevar mis pensamientos a un nivel más elevado y sentirme aún más alegre, esperanzada y optimista sobre mi vida, sobre los demás y sobre el mundo que me rodea.

Vivir con alegría puede ayudarte
a crear cambios maravillosos y positivos en tu vida.

Este libro, *Vivir con alegría*, me lo «regaló» un guía no físico, una fuente de sabiduría a la que llamo Orin. Hace muchos años que canalizo a Orin, un guía y maestro espiritual. Experimento a Orin como un maestro amoroso, sabio y gentil, siempre positivo y compasivo. Estoy consciente de la guía de Orin cuando viene a través de mí. Cuando me conecto con Orin, siento una mayor sensación de serenidad, claridad y sabiduría, así como un impulso expansivo que llena mi corazón. Las palabras de Orin son una fracción de lo que estoy experimentando; hay una riqueza de sentimientos, imágenes e iluminación transmitida con sus palabras que está más allá de cualquier descripción.

Cuando recibo los mensajes de Orin, me encuentro en un estado de conciencia relajado pero alerta. Soy plenamente consciente tanto de mis propios actos como de los suyos. Es como si, a través de Orin, pudiera experimentar un mundo de mayor comprensión, de mayor conciencia y, al mismo tiempo, una visión más elevada y querida de todo el potencial que hay dentro de cada persona.

La gente suele preguntarme quién es Orin. Orin me dice que es un ser de luz y afirma que quién es él no es importante; lo que importa es el mensaje que trae y lo útil que sea ese mensaje para ti. Quiere que la atención se centre en ti y en tu crecimiento, no en él. Nunca le dice a la gente lo que tiene que hacer o cómo tiene que vivir. Cuando se le pide, Orin ofrece sugerencias e ideas para ayudar a las personas a tomar conciencia de más opciones. La gente ha comprobado con frecuencia que seguir los consejos de Orin les expande, les abre a su yo más íntimo y les proporciona alegría. Orin y yo te animamos a que leas este libro por la sabiduría que contiene, no por las afirmaciones que se hacen sobre su origen.

Orin es siempre positivo y alentador. Tiene un mensaje duradero: El Universo es amigable y siempre trabaja para nosotros (aunque no siempre podamos ver cómo esto es cierto), el Universo es ilimitado en su abundancia, y podemos crecer a través de la alegría más que a través del dolor o la lucha.

Orin enseñó originalmente el material de este libro a un pequeño grupo de estudiantes para enseñarles a vivir con alegría y a dejar de depender del dolor, la lucha o la crisis. Orin nos dijo que la información tratada en las clases sería la base de un libro titulado *Vivir con alegría*. Dijo que era consciente de cada uno de los que iban a leer este libro, porque en su realidad no hay tiempo ni espacio.

Mientras lees este libro, sé consciente de que Orin te está hablando y de que él era consciente de que tú estarías leyendo y trabajando con los principios que se enseñan en este libro. Mientras Orin preparaba este libro, tanto el original como la edición de aniversario, a menudo me hacía parar y le permitía transmitir energía a los que se conectaban y pedían su luz y apoyo. Sentí que una gran cantidad de amor se derramaba a través de mí durante esos momentos. Debes saber que el amor y el apoyo de Orin, así como el de tu propio ser más íntimo, está siempre disponible cuando lo pides y estás abierto a recibirlo.

En otras ocasiones, mientras trabajábamos en este libro, Orin me hizo enviar amor a través de mi corazón a todos vosotros como grupo. Me hizo imaginar a todos los que leerían este libro como una comunidad amorosa y conectada de almas afines, ayudándose mutuamente a través de esta conexión interna para fortalecer nuestra capacidad de vivir con alegría y dejar de crecer a través del dolor y la lucha. Dice que todos nosotros juntos estamos generando una luz de grupo que se está convirtiendo en una profunda fuente de despertar para otros que nos siguen un paso por detrás, aquellos que están preparados para dejar de lado el dolor y la lucha y crecer con alegría.

A lo largo de sus libros y cursos de audio, Orin siempre sugiere que te conectes con tu yo más íntimo, tu espíritu más profundo, tal y como te guiará a lo largo de *Vivir con alegría*. Es este ser el que suscita toda transformación y atrae hacia ti las circunstancias, relaciones y situaciones perfectas que te permiten expandirte y crecer. En este libro, Orin utiliza indistintamente los términos alma, espíritu, yo elevado y yo más íntimo. Te invita a utilizar el término que mejor describa la parte más interna de tu ser mientras lees y trabajas con todos los ejercicios del libro, incluidos los de las hojas de actividades, las prácticas diarias y las afirmaciones sobre la alegría. Orin te recuerda que debes aceptar sólo la información que resuene en lo más profundo de tu ser, tu verdadero yo interior, y dejar de lado cualquier información que no lo haga. Siempre le dice a la gente que siga su propia sabiduría y escuche la autoridad de su propia alma por encima de todo. Encuentra en este libro lo que resuena con la verdad que hay en ti. Orin dice que está trabajando con nosotros en este momento porque la humanidad está pasando por una gran transición y despertar. A través de sus muchos libros y cursos de audio, Orin está ofreciendo un camino de despertar espiritual que llamamos el Camino de Autorrealización de Orin. Vivir con alegría es una parte importante de este camino. Con el libro de Orin *Vivir con alegría*, conectarás con tu yo más íntimo, tu alma, para vivir una vida más alegre, positiva y en movimiento. Con esta conexión, descubrirás cómo experimentar más la alegría, la libertad y el amor de tu verdadero ser interior. Aprenderás a tener más paz interior, osadía, equilibrio, autorrespeto, autoestima y amor propio; a abrirte y recibir; a escuchar la sabiduría de tu corazón; a transformar nuestras subpersonalidades; a cambiar lo negativo en positivo; a refinar tu ego; y a empezar a reconocer y vivir tu elevado propósito. Con este libro, te invito a elevar tu espíritu y a unirte a mí en la elección de la alegría, la liberación de la lucha y la apertura a tu potencial ilimitado para el poder personal y la transformación espiritual.

Aprender a canalizar

Si estás interesado en conectar con un guía y canalizarlo tú mismo, es posible aprender a hacerlo. Orin ha enseñado a miles de personas a canalizar a través del libro *Abrirse a la canalización* y de los cursos de audio sobre canalización que puedes utilizar si te sientes atraído por conocer y canalizar tú mismo a un guía. Para conocer y canalizar a un guía, deberás tener un interés sincero en trabajar con un guía y estar abierto a experimentar estados de conciencia en los que te sientas más claro, más sabio y más amoroso e inspirado que de costumbre. La canalización implica escuchar a tu interior y permitirte expandirte más allá del «tú» que conoces como tu conciencia normal. Requiere que permitas que tu identidad crezca hacia una que incluya una perspectiva más expansiva. La canalización es una habilidad que puedes aprender, y el libro de Orin *Abrirse a la canalización* te ayudará a hacerlo.

Sugerencias sobre cómo utilizar este libro

La gente ha compartido conmigo a lo largo de los años numerosas maneras de usar este libro, y quiero compartir algunas de sus sugerencias que pueden mejorar tu propia experiencia de lectura. Lo que puedes descubrir es que hay muchas maneras de usar este libro. Hay tantas formas de leer el libro como lectores, así que elige la que más te convenga.

Mucha gente encontró un gran valor en la lectura de este libro, capítulo por capítulo, incluyendo el trabajo con las Hojas de actividades en el orden dado. Algunas personas comentaron que les gustaba leer los capítulos de corrido para absorber la información positiva que contenían, y que más tarde volvían a trabajar con las Hojas de actividades que les atraían, como una forma de experimentar su capacidad para vivir los principios enseñados en el libro.

Algunas personas escribieron que se llevaban el libro a todas partes, consultándolo a lo largo del día para que les ayudara a desenvolverse en su vida cotidiana de manera más elevada. A menudo, la gente hablaba de ponerlo junto a su cama para poder leer un capítulo o varias páginas antes de acostarse. Una mujer dijo: «Su libro *Vivir con alegría* lleva veinte años junto a mi cama. Lo leo casi todos los días. Ha sido una gran guía para mí». A otras personas les gustaba leer un poco al principio del día, ya que les parecía una forma de empezar el día con una nota positiva. Las Prácticas diarias de la alegría son una forma maravillosa de hacerlo.

Algunas personas leyeron un poco del libro, lo dejaron de lado, lo retomaron más tarde y se dieron cuenta de que era justo lo que necesitaban. No pasa nada si sólo lees un capítulo o utilizas una práctica; cuando estés preparado para más, tu yo más íntimo te guiará hacia este libro. Hemos escuchado a muchas personas que empezaron a leer el libro y, años después, lo retomaron y lo leyeron en su totalidad. Dijeron que no podían dejarlo hasta que lo habían terminado. Como escribió un hombre: «Compré *Vivir con alegría*, pero sólo leí un poco. Hace poco volví a retomar el libro. Ahora lo estoy leyendo. Ya sé por qué he tenido que esperar para leerlo: no estaba preparado. Es un libro increíble».

Abre este libro en cualquier página para obtener un mensaje.

A muchas personas les ha encantado el hecho de poder abrir el libro por cualquier página y leerla para conocer el mensaje que contiene, que siempre parece útil y relevante para cualquier pregunta que se hagan o situación que estén afrontando. Un hombre escribió, reflexionando sobre sus experiencias: «Me sorprende la coherencia con la que *Vivir con alegría* aborda los retos que se presentan, especialmente cuando lo abro en una página al azar. Lo leí hace unos años, y entonces fue perfecto para mí. Lo estoy leyendo de nuevo, y se aplica aún más ahora y en un nivel completamente diferente. Como canalizador que soy, el libro me inspira a confiar cada vez más en mi propio guía, y más a menudo».

Una mujer compartió conmigo su nota: «Abro una página al azar por la noche antes de irme a dormir y siempre parece que lo abro por el capítulo adecuado con el mensaje que necesito escuchar y aprender. Ha calmado mi espíritu cuando necesitaba calma». Otro hombre escribió: «Cuando me siento decaído, mi intuición me guía para abrir el libro, y no importa qué página abra, siempre es exactamente lo que necesito en ese momento». Debido a que muchas personas han encontrado valor en las citas al azar de este libro, hemos creado una página web especial y gratuita en nuestro sitio web www.orindaben.com llamada «Creating Your Highest Future Room» (Creando tu mejor futuro), donde puedes hacer clic en la imagen de este libro y aparecerán citas al azar del libro para que puedas reflexionar y utilizarlas.

Las enseñanzas de Orin contienen muchas capas y niveles de información que pueden desarrollarse más profundamente con cada lectura.

Muchas personas han encontrado valor leyendo este libro no sólo una vez, sino una y otra vez. Puedes encontrar que leer el libro o tus capítulos favoritos de nuevo, o de forma continuada, fortalecerá tu capacidad de experimentar más alegría, amor y paz. Hay una gran sabiduría detrás de las palabras de Orin que puede despertar tu propia sabiduría mientras lees este libro. Cada vez que estudias este libro, puedes experimentar más conocimientos, casi como si se levantaran los velos y estuvieras leyendo material nuevo cada vez.

Como escribió una mujer agradecida: «*Vivir con alegría* sigue siendo una lectura casi diaria para mí, cada página está llena de una guía y una sabiduría maravillosas: una verdadera joya, uno de los mejores libros de mi biblioteca. Cada vez que leo *Vivir con alegría*, saco algo nuevo de él, así que nunca me parece que esté leyendo lo mismo. Siempre responde a mis preguntas y dudas de una manera hermosa y cariñosa».

Lee y comparte este libro con otras personas.

Puedes disfrutar leyendo y compartiendo este libro con otras personas. He escuchado de varias personas la alegría que recibieron al leer y trabajar con los principios, trucos y ejercicios de este libro con otra persona. Descubrieron que era divertido y les aportó muchos beneficios trabajar en el libro con otras personas. Como dijo una mujer: «*Vivir con alegría* resonó con todos mis sentimientos personales más profundos sobre la vida. Es tan fácil dejarse llevar por todas las distracciones triviales de la vida.

Cada vez que leía *Vivir con alegría*, volvía a sentirme alineada con mi verdad. Empecé a leer un capítulo al día con mi marido, y hacíamos las Hojas de actividades los dos, y ambos disfrutábamos de ese tiempo juntos. Ha mejorado mucho nuestra relación».

Recibí muchas notas de personas que me informaban de todas las personas con las que habían compartido el libro *Vivir con alegría*. Decían que habían encontrado este libro tan práctico y útil, y que habían experimentado un cambio tan positivo en sus sentimientos y en su visión del mundo, que habían regalado ejemplares del libro a todos sus conocidos.

He oído decir a la gente cosas como: «He recomendado y regalado sus libros a casi todos mis conocidos. Son especialmente reconfortantes y fortalecedores cuando la gente está en crisis».

Enseña los principios de este libro a los demás.

Muchas personas nos han escrito haciéndonos saber que estaban enseñando este libro en forma de clase a otras personas. Me informaron de las fechas de sus clases, me dieron los nombres de sus alumnos, y Orin y yo transmitimos la luz a los profesores y a todos sus alumnos. Hay información adicional en nuestro sitio web sobre cómo ofrecer éste y nuestros otros libros en forma de clases.

Los principios de este libro son intemporales.

Como me escribió una mujer: «Me ha encantado leer *Vivir con alegría*. Estoy sorprendida de que los libros sean tan frescos y actuales a pesar de haber sido escritos hace muchos años. La información de estos libros es intemporal».

Las verdades espirituales que se enseñan en este libro son atemporales y han sido enseñadas por muchos maestros espirituales a lo largo de los siglos. En el material escrito, las Hojas de actividades, las Prácticas diarias de la alegría y las Afirmaciones de la alegría, Orin te enseña formas prácticas de entender y utilizar los principios y las verdades espirituales para vivir una vida más plena. Estas verdades son tan ciertas ahora como lo fueron en el pasado y lo serán en el futuro, ya que las verdades espirituales siempre serán aplicables, sin importar cuándo las estudies.

Historias de nuestros lectores

A lo largo de los años, la gente ha escrito que la información contenida en el libro de Orin *Vivir con alegría* les ha tocado profundamente; de hecho, a muchos el libro les ha sido regalado o recomendado en sus vidas. Sintieron que *Vivir con alegría* les ofrecía muchas prácticas e ideas edificantes, de una manera fácil de entender, que podrían utilizar inmediatamente para cambiar sus vidas a mejor. La gente me ha escrito con muchas historias maravillosas a propósito de las muchas maneras en que el libro les ha ayudado. Me encanta saber de vuestras experiencias, ya que vosotros sois la razón por la que Orin está aquí. Orin escribió estos libros para vosotros. Sus historias han tocado mi corazón y me han mostrado la profundidad de lo mucho que estáis preparados y dispuestos a cambiar vuestra vida para mejor, una vez que encontréis formas efectivas de hacerlo. Esperamos que compartir las historias de algunas personas te ayude a reconocer una de las formas potenciales en que tu vida puede cambiar para mejor a medida que trabajes los principios y prácticas que se ofrecen en este libro. Hemos incluido más historias de nuestros lectores al final de este libro.

Sanaya Roman

CAPÍTULO I

Saludos de Orin

Saludos de Orin a vosotros que estáis aquí para aprender sobre los niveles elevados de sabiduría. Una vez que se dominan estos niveles, la vida cotidiana se simplifica y el reto se convierte en alcanzar niveles aún más elevados y permanecer en ellos. Os llevo a todos allí para que podáis transmitir la información, ya que vosotros, que ahora sois aprendices, seréis los maestros más tarde, teniendo vuestros propios alumnos con el tiempo. Estos estudiantes serán cualquiera que se beneficie de vuestro amor y sabiduría, incluyendo a su familia y amigos. Cuanto más sabio y más compasivo te vuelvas, más buscarán los demás naturalmente tu consejo. Me dirijo a ti para ayudarte a alcanzar un nuevo y más expandido estado de conciencia que te permitirá ser líder, maestro y sanador.

Te ofrezco la oportunidad de estar entre aquellos que se están moviendo hacia niveles expandidos de conciencia y conocimiento de cómo vivir con alegría y liberar el dolor y la lucha. Porque esta sabiduría, una vez que la leas y la asimiles, parecerá como si la hubieras conocido todo el tiempo.

Todo lo que aprendas lo podrás transmitir a otros, y podrás utilizarlo para tu propia comprensión y orientación. Estoy llamando a cualquiera de vosotros que estáis aquí como maestros y sanadores, incluso si aún no sois conscientes de quiénes sois, a que abandonéis el pensamiento común de la masa, a que vayáis más allá de lo que conocéis y entréis en reinos elevados de luz y amor.

Te ayudaré a alcanzar tu alma y una mayor conciencia, ayudándote a descubrir la alegría que te espera al mirar a través de las ventanas de tu alma. La alegría es una actitud; es la presencia del amor, por uno mismo y por los demás. Proviene del sentimiento de paz interior, la capacidad de dar y recibir, y el aprecio por ti mismo y por los demás. Es un estado de gratitud y compasión, un sentimiento de conexión con tu yo más íntimo, tu alma.

En este libro, aprenderás a crear un entorno propicio y de apoyo en el que tu espíritu, tu verdadero ser interior, pueda desarrollarse. Te ayudaré a reconocer tu camino y tu elevado propósito y te mostraré cómo abrirte a él. He dedicado este libro a ayudarte a ver quién eres realmente, a mostrarte cómo entrar en el camino de la alegría y la luz. La información, sugerencias, procesos, prácticas y afirmaciones que contiene pueden permitirte vivir una vida fácil, y sin embargo sonrío amorosamente cuando digo fácil. Aquellas situaciones que consideras difíciles ahora mismo, pronto las manejarás con gracia, pero vendrán nuevos y maravillosos desafíos, que también aprenderás a manejar con gracia y facilidad.

Experimentáis muchos estados de conciencia a los que a menudo no prestáis atención. Puedes aprender a ser consciente de los niveles más elevados de información y de conciencia concentrándote en ellos. Puedes experimentar el conocimiento y la verdadera sabiduría. Te ayudaré a explorar y ampliar tu capacidad de escuchar la guía de tu alma. Aprenderás a aprovechar cualquier información que el Universo tiene para ayudarte.

Cada uno de vosotros que se siente llamado a este libro puede ser un canal de curación y de amor. Cada uno de vosotros está en el camino del servicio planetario y de la evolución personal acelerada. Lo expresáis de muchas maneras diferentes, como sanando a través de las manos, compartiendo con otros la sabiduría a través de la palabra, la escritura , y difundiendo la luz y el amor a los que os rodean.

Estás sembrando el mundo
con nuevas formas de pensamiento.

Extiendo una invitación a cualquiera que esté dispuesto a participar en las oportunidades que vienen y en las que ya están aquí. Imagínate a ti mismo como parte de un grupo más grande, todos reunidos para explorar la conciencia, para sembrar el Universo con nuevas ideas. Éstas son creencias de que el Universo es amigable, que es abundante, y que puedes vivir en un estado de alegría y amor. Al contribuir con tus pensamientos elevados a la «atmósfera general», creas ideas que ayudarán a los demás a amarse más a sí mismos.

Invito a los que están en el camino de la luz y la alegría a unirse a mi esencia mientras leen estas páginas y sienten la comunidad de todos los que están compartiendo este conocimiento y sabiduría. Un grupo de personas, sosteniendo ciertas formas de pensamiento en su mente conjunta, puede lograr mucho. Siempre que ciertos pensamientos y creencias son mantenidos y practicados por un grupo de personas y el enfoque es el amor, el crecimiento espiritual y los propósitos elevados, se multiplica por diez la capacidad de cada persona para crearlos en su vida y de poner esos pensamientos a disposición de otros que están llegando a lo más alto.

El mundo está experimentando una gran transformación espiritual. Se están produciendo grandes cambios en las formas de pensamiento de las masas, y esto seguirá ocurriendo durante muchos cientos de años. Tú puedes ayudar a plantar los nuevos pensamientos que elevarán y harán evolucionar a la humanidad. Puedes mantener una imagen de grandeza, de preocupaciones universales y de ayudar a la propia Tierra.

Para utilizar la energía y las oportunidades durante estos tiempos y los futuros, necesitarás desarrollar cualidades del alma como la paz, la claridad, el amor y la alegría. No estoy hablando de que se avecine una calamidad mundial, porque no veo que eso ocurra. Estoy hablando de la necesidad de traer la paz al planeta llevando paz a tu propia vida. Aprovecha esta oportunidad para utilizar la energía y la atmósfera de transición de estos tiempos para impulsarte a una conciencia más elevada.

Es posible que te encuentres en dos mundos, conectando con personas que no creen en estas cosas y con las que sí lo hacen. Puede que descubras que tienes relaciones que abarcan varios mundos, ya que esta información debe ser plantada en muchos lugares. Estamos animando a la gente a cruzar el mundo, a formar parte de algo más que su propio grupo de personas afines, a que esté dispuesta a acercarse a personas de otros campos de trabajo y estudio, con intereses diferentes. En cuantas más áreas puedas participar, más valiosos seréis tú y tus ideas para el planeta.

Puedes aprender a trascender las luchas de poder y trasladar tus relaciones hacia el corazón y el alma, conectando con el otro de una manera más amorosa. A medida que leas, explorarás muchas formas alegres de vincularte con tus amigos y con otras personas en tu vida para establecer conexiones que te aporten alegría y paz interior. Tú que lees esto estás en el camino de unirte con otras personas desde el corazón y no desde el centro de poder. Puedes transmitir y compartir lo que descubras. Es el momento de nuevas formas de pensamiento en el planeta, nuevas formas de unirse y estar con los demás, formas que crean la paz y no la desarmonía.

¿Quién soy?

Muchos de vosotros os habéis preguntado qué es un guía. ¿Quiénes somos? ¿Cuál es nuestro propósito? Yo, Orin, soy un maestro espiritual. Puedo existir en otros sistemas de realidad además de en los basados en vuestros principios y leyes científicas. He tenido la experiencia de una vida en este planeta para poder entender mejor la experiencia de la realidad física.

Viajo a muchos sistemas. En vuestro mundo, podríais llamarme investigador, reportero, profesor y guía, pero eso es sólo una parte de lo que soy. Me conecto con muchos planos de la realidad, porque ahora mismo a escala interplanetaria hay un gran crecimiento y evolución en todos los reinos. En los mundos a los que viajo, el crecimiento se está acelerando. Muchos Seres de Luz, maestros, seres iluminados y ángeles están aquí para ayudarte si lo pides.

Soy un Ser de Luz.

Te estoy ayudando a ti que estás en un camino de luz y alegría en la Tierra, que estás dispuesto a servir al planeta a través de tu interés por el crecimiento personal y la evolución. Te ofrezco guía y asistencia tanto en tu vida personal como en tu camino de servicio al mundo.

Estoy transmitiendo enseñanzas espirituales al plano terrestre. Ciertas verdades operan a través de los universos conocidos; estoy aquí para ofrecerte esas verdades espirituales, principios y prácticas que pueden ayudarte a vivir una vida más alegre y plena. La comprensión y la práctica de estas verdades siempre crea crecimiento y una conciencia expandida.

Invito a tu alma a unirse a mí mientras exploramos tu mayor potencial. Mi esencia está detrás de los pensamientos de este libro y te ayudará a abrirte a tu ser más profundo y sabio. Sentirás como si te convirtieras en quien siempre supiste que eras. Muchos de vosotros siempre os habéis sentido diferentes de los que os rodean, como si supierais que tenéis una misión, algo especial que cumplir con vuestra vida. Espero ayudaros a descubrir más sobre esa misión y propósito. Te invito a viajar conmigo a los reinos de luz y amor de los que vienes.

Muchos de vosotros, hermosas almas de luz, habéis quedado atrapados en las energías más densas del plano terrestre. Con los conceptos de este libro, intentaré guiaros de vuelta a esos reinos más refinados que buscáis de forma tan natural. Permitidme que absorba la energía que hay detrás de las palabras, ya que he escrito este libro de modo que tanto las palabras como la energía que envío con ellas te ayudarán a abrir tu corazón.

Hay un gran amor, compasión y guía disponibles a través de nosotros, los Seres de Luz.

No estoy distante, y mi amor y guía están disponibles para cualquiera que lo pida. Sin embargo, debes pedirlo antes de que el Universo pueda darte algo. Yo y otros que ofrecen asistencia desde los reinos elevados no podemos ayudar a aquellos que no lo piden.

Éste es el comienzo del curso. Lo que estoy diciendo no es más que una pequeña parte de lo que os ocurrirá a todos cuando os abráis a vuestro ser más íntimo y sigáis un camino de alegría. Espero que de alguna manera pueda hacer vuestra transición hacia una conciencia más elevada, ya que todos los que se han acercado a este libro están pasando por un cambio importante y una transformación personal y espiritual. Te animo a que aceptes en tu corazón sólo aquellas ideas y sugerencias de este libro que resuenen en lo más profundo de tu ser, y a dejar de lado las que no lo hagan. Estoy aquí como asistente y maestro espiritual para ayudarte en tu transformación personal. Te doy la bienvenida a una visión más alegre, amorosa y pacífica de lo que eres.

CAPÍTULO II

Puedes vivir con alegría

Hablaré de la alegría, la compasión y el propósito elevado, porque muchos de vosotros estáis buscando la paz y un sentido de plenitud interior. La mayoría de vosotros sois conscientes de que la paz viene de vuestro mundo interior y de que el mundo exterior es una representación simbólica de lo que hay dentro. Todos vosotros estáis en diferentes niveles de percepción del proceso por el que creáis lo que experimentáis.

¿Cuál es el camino de la alegría? Hay muchos caminos de la vida que puedes elegir, al igual que hay muchas formas de servir a nivel planetario. Hay un camino de voluntad, un camino de lucha y un camino de alegría y compasión.

La alegría es una nota interior
que se escucha
mientras te mueves
a lo largo del día.

¿Qué es lo que trae la alegría a tu vida? ¿Lo sabes? ¿Eres consciente de lo que te hace feliz? ¿Estás tan ocupado cumpliendo con tus obligaciones cotidianas que dejas para un tiempo futuro aquellas cosas que te hacen sentir bien? El camino de la alegría se ocupa del presente y no del futuro. ¿Tienes una imagen de cómo será la vida el día en que seas feliz, pero no sientes esa sensación de bienestar ahora mismo, hoy?

Muchos de vosotros llenáis vuestro tiempo con actividades que no están dirigidas al alma, con actividades de la personalidad. La gente puede haberos enseñado que la autoestima viene de estar ocupado. Sin embargo, hay dos tipos de actividad. Las actividades dirigidas por la personalidad se basan a menudo en «deberes» y no expresan tu elevado propósito. La actividad dirigida por el alma es siempre una expresión de tu propósito elevado.

Los sentidos suelen distraer a la personalidad, captando su atención de momento a momento. La llamada telefónica, el niño, las voces constantes, las emociones de los demás: todas son energías que captan tu atención a lo largo del día y que pueden distraerte de tus mensajes internos.

La verdadera alegría viene
de operar con la dirección interior
y reconociendo quién eres.

Puede que tengas muchas razones por las que no puedes cambiar tu vida ahora mismo. Si no creas razones por las que puedes hacerlo, el cambio siempre será un pensamiento futuro, y no estarás en el camino de la alegría. En este mundo al que has elegido venir, se te han dado sentidos físicos y un cuerpo emocional. Tu gran reto es no distraerte con lo que pasa delante de ti, o lo que te tira o te llama, sino encontrar tu centro y atraer hacia ti todas las cosas que están alineadas con tu ser interior.

¿Estás preparando el terreno para que la gente tire de ti, para que tu tiempo esté lleno, pero no lo llenas con las cosas que quieres? Tú tienes el poder de cambiar ese drama. Proviene de tu compasión por lo que eres y de tu sentido de libertad interior.

Muchos de vosotros habéis creado vidas que no son alegres porque creéis que estáis obligados a los demás o porque estáis atrapados por vuestra propia necesidad de que otras personas necesiten vuestra ayuda.

El reto del camino de la alegría
es crear libertad.

Todo el mundo es libre. Puede que hayas creado un ambiente de trabajo y hayas basado tu vida en ciertos logros y formas. El camino de la alegría consiste en aprender a no dejarse atrapar por los detalles de esas formas. Es aprender a no estar atrapado por tus propias creaciones, sino a ser elevado por ellas.

Si has creado un trabajo, una relación o cualquier cosa que no te está aportando alegría, mira hacia dentro y pregúntate por qué sientes que debes permanecer en una relación con algo o con alguien que no te aporta alegría. A menudo es porque no crees que merezcas tener lo que quieres. No existe tal cosa como «merecer» en nuestro plano. Todos vosotros tenéis una imaginación activa; son vuestras puertas para salir de donde estáis. La tuya puede ser una puerta a la preocupación si así la utilizas, o puede ser una puerta a la alegría.

Cuando hablas por teléfono durante el día con tus amigos, ¿les dejas que hablen mucho más allá del momento en que te gustaría que la conversación terminara? ¿Escuchas sus historias, incluso cuando esas historias te quitan la energía? ¿Pides citas para ver a la gente, aunque no tengas tiempo o cuando no hay un propósito elevado de estar con ellos? Para encontrar el camino de la alegría, querrás preguntarte por qué te sientes obligado a personas o a las formas que has creado.

El camino de la compasión no te obliga a amar a las personas independientemente de cómo actúan o quiénes son. Es un camino para ver la verdad de quiénes son las personas, reconociendo todas sus partes, tanto su humanidad como su divinidad. Es el camino de mirar a la gente y preguntar: «¿Hay algo que puedas hacer para sanar, ayudar o ponerlas en contacto con su visión elevada?». Si no lo hay, entonces estás bajando tu propia energía al pasar tiempo con ellos.

Algunos de vosotros ayudáis a la gente una y otra vez, sintiéndoos frustrados. Puede que te sientas obligado, como si no hubiera otra salida que escuchar sus historias de desdicha, deseando que sigan adelante con sus vidas y cambien sus circunstancias. Si estás ayudando a la gente y no crecen, será mejor que vuelvas a mirar si les estás ayudando o si son capaces de recibir la ayuda que les estás dando.

El camino de la alegría implica la capacidad de recibir. Puedes rodearte de amor, de amigos que se preocupen por ti, y tener un cuerpo sano y en forma, si lo eliges. Hay mucho que agradecer y apreciar. Una de las formas de recibir más es dedicar tiempo a apreciar lo que tienes. Reconoce incluso las cosas más sencillas, las flores que ves o hueles, la sonrisa de un niño, la comida que comes, y pronto descubrirás que el Universo te envía aún más cosas buenas, porque la gratitud es magnética.

Para aquellos que estáis preocupados por el dinero o por encontrar una profesión en la que podáis ganar dinero haciendo lo que os gusta, ¿habéis estado dispuestos a arriesgaros y hacer lo que os gusta? ¿Habéis estado dispuestos a confiar en el Universo para que os dé la oportunidad? Y aún más, ¿estás preparado para manejar el dinero cuando llegue? ¿Sientes que lo mereces?

El camino de la alegría implica
valorarte a ti mismo y controlar
en qué inviertes tu tiempo.

Si la gente dedicara su tiempo sólo a lo que más les beneficia a ellos mismos y a las personas con las que están, el mundo cambiaría en un día. Es importante pasar el tiempo de manera que promueva tu mayor bien. Si algo no es para tu mayor bien, te garantizo que tampoco lo es para el mayor bien del planeta o de las demás personas. Puedes preguntarte: «¿Qué he venido a hacer que me traiga alegría?». Cada uno de vosotros tiene cosas que le gusta hacer. No hay ninguna persona viva que no tenga algo que le guste hacer.

Lo que amas
es una señal de tu yo superior
de lo que debes hacer.

Puedes decir: «Me encanta leer y meditar, pero ciertamente ése no puede ser mi camino y traerme dinero». Sin embargo, si te permitieras sentarte, leer y meditar, se abriría un camino. A menudo te resistes a lo que más quieres hacer. En la mente de todos hay un susurro del siguiente paso. Puede ser sencillo, como hacer una llamada telefónica o leer un libro. Puede ser un paso muy concreto, que ni siquiera parece estar relacionado con tu visión superior. Has de saber que siempre se te muestra el siguiente paso; siempre es algo que viene a tu mente como algo obvio, simple y alegre que hacer.

Todos sabéis lo que os alegraría mañana o algún día en el futuro. Cuando te levantes, pregúntate qué podrías hacer hoy que te que te traiga alegría y deleite. Pon una sonrisa en tu cara, en lugar de centrarte en cómo vas a pasar otro día. No te centres en los problemas que tienes que resolver.

Sólo tendrás alegría cuando
te concentres en tenerla y
y no te conformes con menos.

¿Cuál es tu visión más elevada y cómo la encuentras en tu vida? La mayoría de vosotros tenéis muchas distracciones que no son necesarias. Si te sentases durante cinco minutos al día , o durante un minuto varias veces al día, revisando lo que has de hacer y te preguntaras cómo encaja cada cita, persona o llamada telefónica en tu propósito superior, en pocos meses estarías en el camino de tu destino. Por supuesto, tendrás que actuar de acuerdo con esta sabiduría para traer un nuevo camino más elevado a tu vida.

Si no sabes cuál es tu camino, puedes crear un símbolo para él. Imagina que lo tienes en tus manos como una bola de luz. Llévala hasta el corazón, luego al chakra de la coronilla, en la parte superior de la cabeza, y libérala en tu alma. Muy pronto, comenzará a tomar forma. Descubrirás que, con sólo pensar en un propósito elevado, empezarás a reorganizar mágicamente tu día. Con el tiempo, los amigos que te hacían perder el tiempo ya no te parecerán interesantes. Puede que traigas nuevos amigos a tu vida y que cambies la naturaleza de tus actividades y la conexión con los amigos existentes.

La compasión es el cuidado de uno mismo, la valoración de uno mismo y de su tiempo. No le debes a nadie tu tiempo. Cuando te haces cargo de ti mismo y afirmas que eres una persona única y valiosa, también lo afirmará el mundo.

Cada persona tiene un propósito y una
razón de ser en la Tierra.

No estás aquí para hacer una sola cosa, porque cada cosa que realizas se convierte en parte de un paso anterior y en otra etapa de tu evolución. Cada experiencia fluye de experiencias anteriores. Algunos de vosotros dais un paso al lado, probando cosas nuevas y aparentemente no relacionadas, para aportar nuevas habilidades en el viaje hacia arriba. Algunos de vosotros encontráis la forma de vuestro trabajo.

No juzgues tu propósito según los criterios de los demás, o según lo que la sociedad te ha dicho que es lo mejor que puedes hacer. Puedes estar aquí para desarrollar la paz interior e irradiar esa cualidad hacia el exterior, poniéndola a disposición de los demás. Puede que estés aquí para explorar el reino del intelecto o el mundo de los negocios, para ayudar a las formas mentales del planeta en ese nivel. La compasión está fuera del juicio. Es simple aceptación, es decir, la capacidad de amarse y valorarse a sí mismo y a cualquier camino de propósito elevado que se despliegue.

Hay tensión en todo el mundo en casi todo momento, pero también hay grandes oportunidades para aquellos que se centran en lo positivo y están dispuestos a asumir la responsabilidad de todo lo que crean. La energía está disponible para aquellos que son intuitivos y sanadores y están en el camino de la alegría. Esa energía les trae la oportunidad de tener gran abundancia y alegría ahora.

Muchos de vosotros estáis avanzando rápidamente. Habéis emprendido un camino de crecimiento acelerado para que podáis sanar y enseñar a otros que os siguen.

Algunos de vosotros, como los autores y escritores, podéis estar años por delante de las formas de pensamiento de las masas, ya que es necesario que estéis en el flujo de los tiempos cuando liberen su trabajo al mundo.

*Todos los que estáis leyendo esto
sois pioneros, ya que no os sentiríais
atraídos por esta información
si no estuvierais adelantados a vuestro tiempo.*

Puede que estéis sintiendo un cambio en la energía del planeta. Aquellos de vosotros que estáis dispuestos a mirar hacia arriba y encontrar vuestra visión, encontraréis vuestras vidas aún más aceleradas. Si pensáis que estáis ocupados ahora mismo, ¡preparaos! Las cosas sucederán aún más rápido, y es por eso por lo que actuar con sabiduría y discernimiento es cada vez más importante. Por eso querrás mirar cada día y compararlo con tu elevado propósito.

A veces lo más difícil es decir que no a alguien que lo necesita. Si constantemente estás prestando atención a las personas en crisis, afirmas que la forma de llamar tu atención es creando crisis. Si quieres que la gente de tu vida respete y honre tu tiempo, enséñales recompensándoles cuando lo hagan.

El mundo está experimentando un cambio; las cosas se están acelerando. Es posible que ya lo estés sintiendo. Aquellos que no se centran en su visión elevada y no conectan con su verdadero ser interior pueden experimentar aún más problemas. Algunas de las personas que te rodean pueden hablar de este momento como el más grande y alegre de sus vidas, mientras que otros hablan de él como uno de los momentos más difíciles.

Si estás experimentando este momento como el más alegre de tu vida, mira a los demás. En lugar de juzgar o sentirte separado de aquellos que tienen dificultades, simplemente envíales luz, y luego suéltalos. Has de saber que su alma y su ser superior los está cuidando, y que están aprendiendo exactamente las lecciones que necesitan aprender para evolucionar espiritualmente y volverse más fuertes y más sabios.

Si te encuentras en luchas de poder con la gente —extraños, seres queridos o amigos cercanos—, conéctate con tu ser más elevado, el centro de tu ser. Detente un momento, respira profundamente y no te dejes atrapar por su deseo de confrontación. Recuerda que es su deseo, no el tuyo.

Para vivir una vida alegre, querrás aprender a no dejar que otras personas te arrastren a su energía negativa, y lo conseguirás a través del tercer chakra, el centro del plexo solar. Gran parte de la energía que la gente experimenta de otros viene a través del plexo solar, el centro de poder y emocional.

Muchos de vosotros, en el camino de la alegría, tendréis que saliros de las luchas de poder y proceder a partir de un nivel profundo de compasión. Si un amigo te habla bruscamente o es antipático, da un paso atrás y, con un sentido de compasión, trata de experimentar la vida desde su perspectiva. Puede que veas que su cansancio o su actitud defensiva no tienen nada que ver contigo, ya que tú sólo representas a otro personaje en su obra.

Cuanto más salgas de tu entorno y no te dejes arrastrar por las luchas de poder, más pacífica y abundante será tu vida, y más estarás en posición de sanar a otros permaneciendo en tu corazón con compasión.

Entra en tu interior por un momento y pregúntate qué puedes hacer hoy o mañana, específicamente, para traer más alegría a tu vida. Pregúntate qué puedes hacer para dejar de lado una lucha de poder o un problema que está sucediendo en tu vida y que drena tu energía. ¿Qué puedes hacer hoy o mañana para liberar un poco más de tiempo y poder experimentar la paz interior?

Tienes mucho que agradecer, tu excelente mente y tu potencial ilimitado. Tienes la capacidad de crear cualquier cosa que desees; los únicos límites son los que tú mismo creas. Levántate por la mañana y afirma tu libertad. Sostén tu visión elevada y vive la vida más alegre que puedas imaginar.

HOJA DE ACTIVIDADES

1. Piensa en siete cosas que te guste hacer, que te hagan sentir feliz cuando las haces y que no hayas hecho en los últimos meses. Puede ser cualquier cosa: tumbarse al sol, hacer un viaje, recibir un masaje, cumplir un objetivo, hacer ejercicio, leer un libro.

2. Cuando pienses en estas cosas, reflexiona sobre lo que te impide hacer cada una de ellas: algo interno (como tus sentimientos) o externo (alguien o algo que te lo impide, como la falta de dinero).

3. Toma dos o tres de las cosas que más te alegran y piensa en un paso que puedas dar hacia cada una de ellas para traerla a tu vida.

4. Marca en tu calendario una fecha y una hora en la que introducirás cada una de estas actividades alegres en tu vida.

PRÁCTICA DIARIA DE LA ALEGRÍA

Si lo deseas, decide que vas a empezar a vivir con alegría, independientemente de lo que ocurra en tu vida o en el mundo que te rodea. Para empezar a vivir con alegría, haz una pausa durante un momento, inspira y conecta con tu yo más íntimo, simplemente teniendo la intención de hacerlo. No pasa nada si te parece que estás utilizando tu imaginación o si la conexión sólo dura unos segundos. Tu verdadero ser interior está siempre contigo. Esto es lo que eres en tu interior. ¡Este ser es alegre!

Imagina que estás aprovechando la alegría que siempre ha estado dentro de ti. Has tenido muchos momentos de alegría en tu vida, y ahora estás decidiendo crear y experimentar más momentos de alegría. Pídele a tu yo más íntimo que inunde toda tu personalidad, todo tu ser, con su alegría. Mientras lo haces, ábrete a recibir y experimentar la alegría que es tu derecho de nacimiento; esa que es la esencia de lo que eres.

Imagina cómo te sentirás si te permites experimentar la alegría a lo largo del día en todo lo que hagas y con todas las personas con que te encuentres. Siente cómo tu energía alegre eleva a todos los que te rodean. Tu alegría es un regalo para el mundo; tu alegría trae alegría a los demás. Imagina cómo te sentirás al final del día o de la semana si te permites vivir con más alegría.

AFIRMACIONES

Elijo vivir con alegría.

Estoy dispuesto a crecer a través de la alegría y no a través del dolor
o la lucha.

La alegría de mi ser más íntimo brilla a través de mí.

Expreso la alegría de mi alma a medida que avanzo en el día.
Ahora mismo estoy alegre.

Me encanta sentirme alegre y me siento así a menudo.

Soy cariñoso y amable conmigo mismo.

Mi alegría trae alegría a los demás.

Soy consciente de mi ser más íntimo. Me guía y me dirige.

Atraigo hacia mí las circunstancias, las actividades y las personas
que están alineadas con mi ser interior.

Soy libre.

Estoy dispuesto a hacer aquellas cosas que me traen alegría.

Soy libre de estar rodeado de gente alegre, ¡y lo estoy!

Me merezco tener una vida maravillosa y alegre, de abundancia,
buenos amigos y actividades significativas, y lo hago.

Hago lo que me da alegría para vivir.

Valoro mi tiempo y mi energía.

Soy una persona única y valiosa.
Me mantengo en mi centro con otras personas.

Sé quién soy. Mi visión de mi potencial y de mí mismo se amplía
cada día.

Reconozco y agradezco todos los momentos de alegría en mi vida.

Soy alegre.

CAPÍTULO III

Cambiando lo negativo en positivo

La capacidad de ver todas las situaciones, personas y eventos desde una perspectiva positiva te ayudará a salir de las formas de pensamiento masivas y de los niveles de energía más densos yendo a tu camino de alegría. Puedes compartir con la gente que se encuentra a tu alrededor la creencia de que todo sucede para su bien. Es común escuchar a la gente quejarse, contar que son víctimas o hablar de las cosas negativas que les ocurren. La mayoría de los discursos y mensajes –en la televisión, en conversaciones privadas y públicas– se centran en torno a lo que está mal y es malo. Muchas personas han desarrollado una forma de pensar e interactuar con los demás que tiene un fuerte matiz de rectitud, indignación, o de lo que está bien y lo que está mal, y el énfasis suele estar en lo que está mal. Esto tiene como raíz su sistema de polaridades, donde algo es bueno o malo, positivo o negativo. Cambiar lo negativo en positivo es parte de la difusión de la creencia en un elevado bien.

Como existes dentro de un sistema de polaridades, no puedo hablar sin usar ese marco, así que usaré ese sistema para comunicarme con vosotros. Puedes educar a aquéllos con los que entras en contacto sobre las razones positivas por las que les suceden las cosas.

Si quieres ser consciente
del elevado bien que está ocurriendo en tu propia vida,
estate dispuesto a dejar de lado una perspectiva limitada
y ampliar tu visión de tu vida.

En muchos sentidos, tu pasado actúa como un ancla hasta que te liberes y dejes ir cualquier creencia o recuerdo negativo. Algunos de vosotros tenéis relaciones pasadas que sentís que no habéis manejado de la mejor manera posible. Tal vez hay una vieja herida en tu corazón, un sentimiento de haber sido defraudado o de haber defraudado a otra persona... Puedes volver atrás y cambiar los recuerdos negativos mirando los regalos que la gente te ofreció y viendo el bien que les hiciste. Entonces puedes transmitir telepáticamente el perdón y el amor a esas personas cualquiera que sea la edad que tuvieran cuando las conociste. Perdónate a ti mismo y ten pensamientos amables hacia ti mismo. Te sanarás a ti mismo y a los demás haciendo esto. La curación ocurrirá en el presente, y esto puede evitar que proyectes estos patrones negativos en tu futuro.

Empezaré hablando del pasado, porque muchos de vosotros tenéis imágenes negativas sobre vuestro pasado. Cada día estáis creciendo, evolucionando y aprendiendo nuevas formas de manejar vuestra energía y, sin embargo, si no hubiera sido por esos incidentes del pasado, no seríais quienes sois ahora.

Todo lo que sucede está destinado a ayudar a moverte hacia tu ser más grande.

Ahora que has alcanzado un nuevo nivel del ser, puede que te sientas tentado a mirar al pasado con pesar. Puede que pienses en muchas formas más elevadas y amorosas de amor que podrías haber manejado en algunos asuntos y situaciones. Sin embargo, esos mismos incidentes te proporcionaron el crecimiento que te permite ahora ver una mejor manera de comportarse. Algunas lecciones pueden ser más dolorosas que otras, dependiendo de lo dispuesto que estés a afrontarlas. Cuando hablo de ampliar el alcance de tu visión, estoy hablando de ser capaz de salir del presente y ver tu vida como un todo y no como una serie de acontecimientos inconexos.

Cuando yo, como Orin, veo a una persona, me sitúo por encima de toda su vida. Veo cada incidente no como un evento separado, sino como una parte de toda una trayectoria vital. Tú también tienes la capacidad de hacer esto. Puede que te resistas, o que te sientas poco dispuesto a tomarte el tiempo, y sin embargo te esperan grandes regalos si estás dispuesto a ver tu vida desde una perspectiva más amplia. Para replantear lo negativo en positivo, la mente consciente necesita ver el panorama con más amplitud. Tu yo más íntimo ya ve la imagen más grande. Aprendiendo a entrar en esa perspectiva más amplia y a salir del cuerpo emocional y mental, puedes ver tu vida de forma más positiva.

Las emociones de muchas personas se ven afectadas por sistemas de creencias mundiales que crean miedo y pesimismo. Es nuestra intención, a través de mantener un enfoque constante de paz y amor, contribuir con optimismo y esperanza a la atmósfera emocional y a los sistemas de creencias de la gente.

Los periódicos y los medios de comunicación transmiten a menudo un sentimiento de fatalidad que impregna las imágenes mentales y los tonos de los sentimientos emocionales de toda nación. Ya que estoy transformando lo negativo en positivo, añadiré que hay buenas razones para que esto ocurra. Si observas el mundo desde una perspectiva más amplia, verás que la humanidad está cambiando el camino que sigue en parte debido a estos mensajes basados en el miedo. La gente responde a ciertos tipos de mensajes, y la mayoría reacciona a los negativos que se emiten, incluidos los que advierten y desencadenan el miedo. En este momento, parece que el miedo funciona más eficazmente para cambiar a la gente que la esperanza, pero una vez que la marea haya cambiado, será el momento de comunicaciones de esperanza y optimismo.

Cuando mires a tu alrededor en tu sociedad, sé consciente de la forma de hablar de la gente. Fíjate en las maneras en que están aprendiendo sobre su energía. Transmíteles tu creencia de que pueden crecer con alegría, de forma positiva. Hay algunos sistemas de creencias que están en proceso de cambio. Los mencionaré para que puedas ayudar a que los sistemas elevados de la realidad lleguen más rápidamente.

Una es la creencia de que el crecimiento llega a través del dolor y la lucha, y te estás preparando para dejarla ir a nivel masivo. Sin embargo, muchas personas aún no están preparadas para existir sin dolor y lucha, por lo que se les debe permitir vivir en ese ámbito hasta que estén dispuestos a seguir adelante.

Existe la creencia generalizada de que el mundo exterior es más importante que el mundo interior, y esto también está cambiando. Hay una creencia masiva de escasez, que no hay suficiente para todos. Ésta es una de las creencias subyacentes de vuestra civilización y es una fuente de competencia y luchas de poder. No hay ningún juicio negativo implícito aquí; sólo una observación de que algunas personas aprenden de ciertas maneras que les hacen la vida difícil.

Puedes ayudar a introducir nuevas formas de pensamiento, como la idea de que es posible crecer a través de la alegría en lugar de a través del dolor y la lucha. Estoy llamando tu atención sobre las creencias masivas que puedes suscribir. Una vez que las reconozcas, puedes elegir si estás de acuerdo con ellas y quieres vivir según ellas o no.

¿Estás dispuesto a creer
en las ideas de abundancia,
de hacer valer tu mundo interior,
y de aprender a crecer a través de la alegría?

Empezando por tu propio pasado, piensa en un momento en el que ocurrió algo que no entendiste. Ahora, al mirar hacia atrás como un adulto, como un mayor, más maduro, puedes entender con precisión por qué te atrajo ese incidente y lo que aprendiste de él.

Por ejemplo, puedes observar, al mirar hacia atrás con la imagen más amplia en mente, que cuando no conseguiste lo que pensabas que querías, había una razón para no tenerlo. Tal vez el no tenerlo cambió tu trayectoria vital. Tal vez tenerlo te hubiera frenado de alguna manera, o tal vez el deseo vino de una parte más pequeña y menos evolucionada de ti. Al mirar hacia atrás en tus de relaciones y trayectorias profesionales pasadas (incluso las que ya has abandonado), observa cómo te han servido. Lo que tienes ahora no sería posible sin esas experiencias.

No puedes dejar algo hasta que lo ames. Cuanto más se odia algo, más atado estás a ello; cuanto más amas algo, más libre eres. Así que cuando amas tu pasado, te liberas de él. Cuando puedes pensar en tu infancia y en tus padres y saber que eran perfectos para el camino que estás siguiendo, entonces te liberas de los efectos de tu pasado. A medida que cambies tus recuerdos negativos por una comprensión positiva, irás más rápido hacia tu nuevo futuro.

Puedes liberar el pasado amándolo.

Cada vez que pienses en un mal recuerdo que te haga sentir lástima de ti mismo, o mal por cómo actuaste, o que te haga pensar en ti como una víctima, ¡detente! Reflexiona sobre el bien que has creado a partir de esa experiencia. Puede ser que hayas aprendido tanto de ella que nunca más hayas vuelto a tener ese tipo de comportamiento en tu vida. Puede ser que hayas cambiado tu camino debido a esa situación. Puede que te haya llevado a una conexión importante o a desarrollar nuevas cualidades y rasgos de personalidad. Puede que haya sido un trabajo en el que hayas servido y ayudado a muchas personas.

Es posible que tus padres hayan desarrollado tu fuerza, o tu voluntad interior, imponiéndote su voluntad o creando obstáculos. Las personas que quieren desarrollar músculos, por ejemplo, pueden usar pesas para empujar. Tus padres pueden haber actuado como un «peso» contra el que empujar para desarrollar tu fuerza interior. Todo lo que ocurrió en tu pasado fue para tu bien. Si puedes creer que el Universo es amigable, que siempre te está ayudando a crear tu mayor bien, podrás vivir una vida con más paz y seguridad.

Mira tu existencia actual. Si quieres ver el panorama más amplio, siéntate e imagina que vas hacia el futuro. Si te enfrentas a un nuevo reto, uno para el que aún no has adquirido las habilidades necesarias, imagínate a ti mismo yendo al futuro y uniéndote a tu yo del futuro, atrayendo hacia ti el conocimiento que ese futuro yo posee. Puede que no llegue a tu conciencia hasta el momento en que lo necesites, pero tu yo del futuro puede enviarte energía y conocimientos que pueden hacer que lo que estás viviendo hoy parezca más fácil.

Si te enfrentas a decisiones o problemas, imagínate dentro de cinco años mirando hacia atrás y viendo el panorama general. A continuación, conéctate con ese yo del futuro. Desde esa perspectiva será mucho más sencillo saber qué hacer hoy. Incluso podrías imaginar que eres tu yo del futuro, y luego compartir con tu yo actual desde esa perspectiva futura.

Puede parecer que estás inventando cosas mientras experimentas que tu futuro te dice por qué estás pasando por lo que estás experimentando y afirmando lo correcto de todo lo que está sucediendo. Tu yo del futuro es real y está separado de ti sólo por el tiempo. Puede hablarte y ayudarte a saber qué hacer en este momento, cómo llegar aún más rápido a donde quieres ir, y a menudo te envía mensajes a través de tu mente creativa, tu imaginación.

> *Cuando imagines tu futuro*
> *no pienses que serás*
> *como eres ahora.*

Serás más evolucionado, más sabio, más expandido; los problemas que existen ahora en tu vida se habrán solucionado. Los problemas crean un foco de atención. Son etiquetados como problemas porque aún no tienes una solución, ni se ha activado o madurado esa nueva parte de ti que sabe cómo lidiar con la situación con eficacia.

A menudo creas problemas para originar nuevas formas de comportamiento y hacer evolucionar partes de ti mismo. Puedes hacerlo sin crear crisis, prestando atención a los susurros de tu mente y dedicando tiempo a imaginarte a ti mismo en el futuro. Puedes dibujar en ti mismo nuevas imágenes de lo que quieres ser, pero también estar dispuesto a soltar las situaciones y cosas de tu vida que no se ajustan a esas imágenes.

El cuerpo emocional es el que más tiene que ganar al replantear todo en positivo, ya que cada vez que te dices una palabra negativa o te haces daño a ti mismo, tu cuerpo emocional cambia su vibración y tu energía baja. Cuando la vibración se vuelve más baja, tu magnetismo cambia y atraes hacia ti personas y eventos que amplifican esta caída de energía.

Una vez que asumes la responsabilidad y sintonizas tu conciencia con pensamientos más elevados, creando imágenes alegres en tu mente, puedes elevar la vibración de tu cuerpo emocional. Entonces querrás tener personas en tu vida personal que contribuyan y compartan esos sentimientos elevados. Sin embargo, si encuentras que las personas que conoces están constantemente deprimidas o enfadadas o en un estado emocional negativo, pregúntate qué creencia tienes que diga que es bueno para ti estar cerca de ellos.

La mayoría de vosotros tenéis hábitos y patrones en vuestras relaciones personales que se repiten independientemente de con quién estéis. Si estás dispuesto a liberar esos patrones, encontrarás muchas formas nuevas de profundizar los lazos entre tú y los demás. Si te centras en algo que está mal en otra persona, puedes hacerlo aún más grande. Las cosas que antes funcionaban en tu relación dejarán de funcionar.

Por otro lado, si te centras en sacar lo bueno de otras personas, viendo su belleza y compartiendo con ellos lo que te gusta de ellos, verás que las áreas que te daban problemas empiezan a resolverse por sí solas, aunque no hayas trabajado directamente en la búsqueda de soluciones.

Cuanto más te centres en los problemas entre tú y los demás, o en lo que está mal en las demás personas, más te encontrarás con que tus relaciones se van al garete. Cuando las personas se juntan por primera vez, se centran tanto en lo bueno que se dice que llevan gafas de color de rosa. Esto es un gran regalo para el otro, ya que cuando cada uno presta atención a lo bueno del otro, contribuye a crearlo.

Amar a las personas es un compromiso
de mantener una visión elevada de ellas,
incluso cuando el tiempo y la familiaridad
se cobren su precio.

Muchos de vosotros, cuando percibís una diferencia entre vosotros y un ser querido o un amigo, os enzarzáis en luchas de poder o en una competición para afrontarla. Si, por el contrario, aceptáis la visión del mundo del otro como algo simplemente diferente a la vuestra, no necesitaréis hacer nada más que amarle.

No necesitas convencer a la gente de que tienes razón, porque eso sólo te lleva a una lucha de poder con ellos. Tampoco necesitas que te convenzan de que ellos tienen razón. Ser positivo no significa estar ciego. Significa estar dispuesto a reconocer lo bueno de los demás y desviar la atención de lo que es diferente o malo (para ti).

Cuanto más señalas a los demás todas las formas en que son malos o están equivocados, más inseguros los haces, lo que en realidad crea y agranda los problemas en los que te centras. También puedes decirle a la gente de tu vida lo buenos que son y ayudarles a reconocer lo mucho que están creciendo. Cuando los demás se quejan de un problema o de algo malo, puedes ayudarles a ver cómo la situación les está ayudando, los cambios positivos que les está regalando y lo que les está enseñando.

Puede que pienses en tu trabajo o en la falta de él como un problema, o que desees cambiar tu carrera o empezar una nueva. Tu ser superior siempre está vigilando. Siempre te está controlando para ver si tus actitudes –lo que eres a nivel emocional, mental y de personalidad – están lo suficientemente desarrolladas como para tener lo que quieres. Si ve que no estás preparado, te ofrecerá muchas oportunidades de crecimiento para evolucionar las partes que requieren desarrollarse. Puede que necesites ciertas habilidades, conocer gente nueva o cambiar tu entorno.

Tu ser superior te guiará en la dirección correcta
para que puedas realizar
los cambios que pides
para tener lo que quieres.

Si vienes desde una perspectiva más amplia, comprenderás que lo que te está sucediendo en este momento te está preparando para más. Cuando sorprendas a la gente quejándose, simplemente diles: «Basta». Aprende a utilizar tu voz para detener la energía de la gente cuando empiece a quejarse. Si escuchas a la gente quejarse, si escuchas su negatividad, te colocas en una posición en la que te puedes ver afectado por su baja energía.

No es necesario que escuches. Impidiendo que la gente te cuente sus historias, sobre todo si no son buenas, les ayudas a salir de ellas. Presta atención y observa de qué habla la gente cuando estás con ellos. ¿Hablan sin parar de sus historias tristes? ¿Actúan como víctimas en lugar de asumir la responsabilidad de su parte en lo que está sucediendo? Si es así, estás conectando con ellos a nivel de personalidad, cuando podrías relacionarte con ellos de una manera más elevada.

Pregúntales qué quieren y hacia dónde van. ¿Qué propósito superior pueden crear? Enfócalos en lo positivo, y tú harás lo mismo para ti. Estate dispuesto a escuchar con atención a todos los que se te acerquen. Escucha las conversaciones en lugares públicos. Si notas que no son positivas, no las escuches. En primer lugar, si lo deseas, envía mentalmente a las personas el pensamiento de que el nivel de desarrollo en el que se encuentran ahora evolucionará, y envíales amor por lo que son.

Fíjate en la televisión, los periódicos y los libros que lees: ¿usan palabras positivas?, ¿aumentan tu energía o la reducen y plantan imágenes negativas en tu mente? Eres absolutamente libre de elegir lo que lees y escuchas. Nadie te obliga a hacer nada. Esta semana utiliza esa libertad y el libre albedrío para ponerte en el entorno más elevado y de mayor apoyo que puedas crear.

Observa y mira de qué nivel viene la gente. Verás que tienes mucho que ofrecer ayudando a los demás a llegar a un espacio más elevado. Has de saber que puedes llevar la luz y traerla a todas las personas con las que contactes.

Hoja de actividades

1. Piensa en alguien con quien te hayas sentido crítico últimamente. ¿Con qué te has sentido especialmente crítico?

2. ¿Qué criticas de ti que sea lo mismo o lo contrario de lo que criticas en esa persona? Por ejemplo, tal vez critiques a un amigo por llegar siempre tarde. Puede que te enorgullezcas de ser puntual, pero descubres que eres muy crítico contigo mismo en cuestiones de tiempo.

3. Piensa en una ocasión en la que hayas hecho lo mismo por lo que estás criticando a la otra persona. Por ejemplo, digamos que criticas a tu amigo por no devolverte el dinero. ¿Hubo alguna vez en la que tú no devolviste el dinero o alguna otra cosa que hayas tomado prestada?

4. Piensa en algún momento en el que te hayas sentido cálido y cariñoso. Entra en ese sentimiento. Ahora piensa en la persona que estás criticando. ¿Cómo te sientes hacia él o ella cuando ves a esta persona con un sentimiento cálido y cariñoso? Así como ves a tu amigo a través de un corazón amoroso y compasivo, haz lo mismo contigo y perdónate a ti mismo por ser crítico.

5. Mantén ese sentimiento cálido y cariñoso. Piensa en lo que te has criticado a ti mismo. ¿Sientes más calidez y amor hacia tu propio comportamiento?

Práctica diaria de la alegría

Establecer tu intención es una parte muy importante de la transformación personal y espiritual. Una vez que establezcas tu intención, el Universo te apoyará para llevarla a cabo. Piensa en algo que se aproxima y que te preocupa que sea una experiencia negativa. Decide que vas a tener una experiencia más positiva y haz que ésa sea tu intención.

Pide al Universo y a tu alma, a tu ser más íntimo, que te ayuden a reconocer cómo podrías experimentar esta situación o área de una manera más positiva y soltar cualquier miedo o negatividad en torno a ella. Transmite tus pensamientos sobre esta situación a la luz de tu ser más íntimo. Imagina que tu ser más íntimo te está ayudando a identificar lo que es positivo y bueno de lo que pueda ocurrir, ayudándote a reconocer cómo el Universo está trabajando para ti y contigo, aunque en la superficie no lo parezca.

Si lo deseas, pide tener más pensamientos positivos o comprender mejor cómo esta situación te está sirviendo para hacerte más fuerte y más sabio. Observa cómo el Universo te apoya en el cumplimiento de tu intención de tener más pensamientos y sentimientos más positivos sobre esta área o situación en la que estás trabajando.

Decídete hoy a ser una persona positiva. Imagínate a ti mismo diciendo cosas positivas y edificantes a las personas con las que estás. Imagina que cambias cualquier pensamiento negativo que aparezca en tu mente por pensamientos positivos. Observa cómo tu actitud positiva cambia tus sentimientos sobre ti mismo y el mundo que te rodea. Al afirmar tu intención de ver el mundo de forma más positiva, atraerás hacia ti a esas personas, eventos y circunstancias, incluyendo libros, artículos y programas de audio, que te elevarán y elevan tu vibración.

AFIRMACIONES

Me enfrento al mundo con optimismo y esperanza en un futuro mejor.

Vivo una vida abundante.

Me concentro en lo que es bueno en mi vida, y así el bien en mi vida aumenta.

Todo sucede para mi elevado bien.

Libero la negatividad. Tengo una perspectiva positiva.

Experimento muchos pensamientos positivos y edificantes.

Soy una buena persona. Reconozco toda la bondad que hay en mí.

Libero todas las fuentes de negatividad en mi vida.

Creo un entorno positivo y edificante para mí.

Me concentro en lo que es positivo y funciona bien en mi vida.

Me doy cuenta de que todas las circunstancias, relaciones y experiencias pasadas me hicieron una mejor persona y más fuerte de alguna manera.

Quiero y aprecio a las personas por lo que son. Tengo pensamientos positivos sobre los demás.

Tengo imágenes alegres del futuro.

Reconozco todo el bien que otras personas y el Universo me ofrecen.

El Universo siempre está trabajando para mí y conmigo.

Reconozco lo que es bueno en las personas y las fortalezco al hacerlo.

Elijo centrarme en lo bueno del mundo y, al hacerlo, contribuyo a crear un mundo mejor.

Hablo a los demás de lo que es bueno y positivo en el mundo.

Hablo de cosas positivas y edificantes. Mis palabras aportan luz a los demás.

CAPÍTULO IV

El arte del amor propio

Hay muchas maneras de amarse a uno mismo, y todo lo que te ocurre es una oportunidad para tener una experiencia de amor. Visto desde la perspectiva correcta, cualquier cosa puede proporcionarte una ocasión para amarte a ti mismo. Cuando las cosas parecen ir en tu contra, sólo están sucediendo para mostrar tus bloqueos a tu poder utilizable. Estoy seguro de que si te pidiera que hicieras una lista de cosas amorosas para ti, serías capaz de pensar en muchas. Sin embargo, muchas veces te centras en todas las formas en que no estás llevando a cabo esas cosas, y comienza una batalla. Esta guerra interna puede ser agotadora, y hacer que te equivoques no es el uso correcto de la energía.

Amarse a sí mismo significa
aceptarte a ti mismo
tal y como eres en este momento.

No hay excepciones al contrato, que es un acuerdo contigo mismo para apreciar, validar, aceptar y apoyar lo que eres en este momento. Significa vivir en el tiempo presente. Muchos de vosotros miráis al pasado pensando como podíais haber manejado una situación de una manera más elevada, imaginando de una manera mejor, imaginando que si hubieras hecho esto o aquello, las cosas habrían ido mejor. Algunos de vosotros miráis al futuro para daros cuenta de que ahora mismo sois inadecuados. El pasado puede ayudarte si recuerdas los momentos en los que tuviste éxito, creando recuerdos positivos. El futuro puede ser tu amigo si ves que al imaginarlo estás creando una visión del siguiente paso. No te equivoques porque aún no hayas alcanzado tu visión. Es importante amar lo que eres ahora sin reservas.

Amarte a ti mismo está más allá del apego y el desapego. Existís en cuerpos físicos, y cada uno de vosotros tiene un foco que llamáis el «yo». Os ha sido dado el «Yo» para que podáis separaros de un todo mayor y experimentar una parte particular del ser. Todo lo que has experimentado hasta ahora es lo que has nacido para aprender. Ya sea que lo califiques como bueno o malo, es lo que constituye tu ser, tu singularidad y tu propósito.

Si pudieras verte desde mi perspectiva, te verías como un cristal con muchas facetas. Cada uno de vosotros es completamente diferente, una combinación de energía. Cada uno de vosotros es hermoso, especial y único, como lo es cada cristal. Reflejáis la luz de una manera única, por lo que vuestra aura varía de las que os rodean. Si pudieras apreciar tu singularidad, verías que el camino que has elegido es diferente al de los demás, sería más fácil desprenderte de las opiniones de los demás y seguir tu propia guía.

Una de las formas de quererse más a sí mismo es dejar de compararse con los demás. Aunque formes parte de un todo, también eres un ser individual, con tu propio camino. Los sistemas de creencias grupales y familiares que has asumido como tuyos pueden ser obstáculos para tu amor propio. «Todo el mundo dice que es bueno meditar», puede que escuches decir a algunas personas, y por eso te sientes mal si no lo haces. El reto de amarte a ti mismo es apartarte de todo lo que la gente te dice y preguntarte: «¿Esto me conviene? ¿Me aporta alegría? ¿Me siento bien cuando lo hago?». En última instancia, lo que cuenta es tu propia experiencia.

Existe la tentación de convertir a otra persona o a algo, como un libro, en una autoridad y poner fuera de ti la capacidad de decidir lo que es bueno para ti. Estar con maestros ofrece muchos beneficios, pero sólo para que eventualmente aprendas a traer y seguir tu propia guía. Yo existo para abrirte las puertas; no quiero quitarte tu poder, sino dártelo. Cuando estés con maestros o con cualquier persona a la que hayas hecho una autoridad en tu vida, aunque sólo sea un amigo, pregunta y escucha atentamente lo que él o ella dice. Puede que aceptes sus afirmaciones como verdad, y sin embargo, es importante que te preguntes si lo que dice esa persona es cierto sólo para ella o si también lo es para ti.

Amarse a sí mismo
significa liberarse de la culpa.

Hay una tremenda culpa en la sociedad. Muchas conexiones entre personas provienen del plexo solar, el centro de poder, desde el que la gente intenta persuadir, convencer, controlar y manipular a los demás. Amarse a sí mismo significa salir de este tipo de relación. Para ello tendrás que soltar la culpa. Si no juegas al mismo juego que los que te rodean, es posible que se sientan amenazados. Quieren que pienses y actúes de ciertas maneras para que encaje en sus imágenes, así que intentan ganar poder sobre ti a través de la culpa.

A menudo los padres no conocen otra forma de tener el control; utilizan la culpa, la ira y la retirada del amor para dominar a sus hijos. Cuando te sientes fuerte y a cargo de tu vida, puedes salir del corazón.

Cuando sientes que te falta el control, puedes sentir que debes manipular o participar en luchas de poder para conseguir lo que quieres. Puedes pensar que tienes que disculparte por tu comportamiento o decir mentiras piadosas para proteger los sentimientos de los demás. Cuando actúas de esta manera, no te estás amando a ti mismo; en lugar de eso, le estás enviando a tu subconsciente el mensaje de que no das la talla o no eres aceptable para los demás.

Si quieres ser libre, es importante no manipular a los demás sino darles su libertad. Al principio puedes sentir que has perdido el control si les das a otras personas el derecho a hacer lo que quieran con sus vidas. Pero crearás entre vosotros un nivel de honestidad y amor completamente nuevo que no podría darse sin tu valor y tu voluntad de liberar el control.

Puedes aprender a separarte de las reacciones de los demás y de tus propias emociones si te sacan de un centro tranquilo y claro. Amarte a ti mismo significa afirmarte con compasión. Cuando estás dispuesto a mostrar a los demás quién eres, les abres la puerta para que también expongan su verdadero yo.

El juicio es un obstáculo para el amor propio. Cada vez que juzgas, te separas. Cuando te formas opiniones sobre otra persona, mirándola y diciendo, por ejemplo: «Esta persona es perezosa, o fracasada, o tiene ropa horrenda», envías un mensaje a tu subconsciente de que el mundo es un lugar en el que es mejor que actúes de determinada manera si quieres ser aceptado. Al rechazar a otras personas a través de tus juicios, informas a tu propio subconsciente de que sólo te vas a aceptar a ti mismo bajo ciertas condiciones. Esto conduce a un diálogo interno de autocrítica. También puede atraer muchas imágenes negativas del mundo exterior, ya que una vez que envías estas imágenes, creas un camino para que vuelvan.

Observa los mensajes que envías a otras personas. ¿Los aceptas con cariño, sin criticarlos ni menospreciarlos? ¿Les sonríes? ¿Eres amable? ¿Les permites sentirse bien con ellos mismos, o te alejas de ellos sin reconocerlos? Si los aceptas, aunque sea telepáticamente (es decir, en tu propia mente), les ayudas a encontrar su yo elevado. Verás que las demás personas también te aceptan con más cariño.

Tus creencias sobre la realidad crean tu experiencia de la misma.

Esta dinámica puede darse de forma sutil. Si crees que la gente no te acepta tal y como eres, y que debes esforzarte por complacerles, entonces atraerás a ese tipo de personas a tu vida. Es posible que acabes viendo a tus amigos en los momentos en que están cansados y no tienen nada que dar. Sea lo que sea lo que creas que es verdad sobre los amigos o cualquier persona en tu vida, crearás esa experiencia de ellos. Si dices y crees: «Este hombre o esta mujer son cálidos y amables conmigo», crearás eso en la relación.

Para pasar a un sentido más elevado del amor propio, empieza a identificar lo que consideras como hechos sobre el funcionamiento del mundo. Si crees que el mundo es frío e indiferente, o que debes esforzarte para conseguir todo lo que consigues, esa convicción se interpone entre tú y el amor propio. Una creencia es lo que consideras una verdad sobre la realidad. Puedes decir: «Es un hecho que si sonrío a la gente, me devuelven la sonrisa», pero esto puede ser una realidad para ti y no para otras personas. De hecho, debido a esta creencia, puedes elegir inconscientemente sonreír sólo a las personas que te devuelven la sonrisa. Si crees que la gente nunca te devuelve la sonrisa, entonces automáticamente elegirás a gente que nunca te devolverá la sonrisa.

Si quieres experimentar un mundo que se preocupe y apoye tus imágenes de amor propio, observa lo que te dices a ti mismo sobre el mundo. Puedes cambiar tus encuentros con la gente y el mundo modificando lo que esperas. Se ha dicho que «el mundo puede no ser justo, pero es exacto».

Esto significa que lo que obtienes es precisamente lo que esperas y crees que obtendrás. Si estás en una profesión en la que «sabes» que es difícil ganar dinero, y dices: «No hay mucha gente que gane dinero en mi campo», crearás eso como un hecho para ti. Tienes una cierta visión de la realidad, y ésa será tu experiencia, no sólo de tu carrera, sino también la de otros que conozcas en ese campo. Todo lo que tienes que hacer es alterar lo que esperas que ocurra, y experimentarás un mundo diferente.

Otra cualidad del amor propio es el perdón. Algunos de vosotros os aferráis a viejos problemas, sintiendo ira una y otra vez. Es una irritación hacia ti mismo, tal vez, o hacia otro que te ha defraudado. El ser elevado sólo conoce el perdón. Si hay algo a lo que te aferras –cólera, dolor o un sentimiento negativo sobre otro–, entonces lo estás guardando en tu aura. La persona con la que estás enfadado se ve afectada, pero no tanto como tú. Cualquier energía o sentimiento que lleves hacia otra persona se asienta en tu aura y actúa como un imán para más de lo mismo. Definitivamente hay una razón para perdonar, ya que te limpia y te sana y cambia para mejor las circunstancias que atraes hacia ti.

El amor propio también implica humildad, que es la expresión de uno mismo desde el corazón y no desde el ego. La humildad dice: «Estoy abierto. Estoy dispuesto a escuchar. Puede que no tenga todas las respuestas». La humildad es una de las cualidades que te permitirán recibir más, porque la humildad implica apertura. No implica una falta de confianza en ti mismo, sino una gran cantidad de fe y confianza en ti mismo.

Sólo aquellos que se sienten bien
consigo mismos
pueden expresar humildad.

Los que actúan de forma más arrogante o fríamente confiada son los que carecen de las mismas características que intentan proyectar. Las personas que se quieren a sí mismas se muestran muy cariñosas, generosas y amables; expresan su confianza en sí mismas a través de la humildad, el perdón y la inclusión. Si conoces a personas que parecen ser muy sabias y, sin embargo, menosprecian a los demás, rechazan a los amigos y hacen que la gente se sienta mal con ellos mismos, por muy elevadas que sean sus palabras o lo que enseñen, puedes estar seguro de que no se aman a sí mismos.

Amarte a ti mismo implica fe, confianza y creencia en lo que eres, y una voluntad de actuar según tu confianza en ti mismo. No basta con sentir esa fe y esa confianza, sino que tienes que experimentarla en tu mundo exterior. Eres un ser físico, y la alegría te viene de ver a tu alrededor aquellas cosas que expresan tu belleza interior: un jardín, flores, árboles, tu casa, el océano. Todo esto es la recompensa de actuar y confiar en ti mismo, de seguir tu camino y tu visión con la acción. El último reto del amor propio es actuar, hablar con la gente y crear en el mundo tu cielo en la Tierra.

No basta con dar e irradiar amor; amarse a uno mismo pasa también por recibir amor. Si das amor a la gente pero no pueden recibirlo, entonces no tiene lugar a donde ir. Le haces un gran servicio a todo el mundo al estar dispuesto a recibir su amor.

Uno de los mayores regalos
que puedes dar a los demás
es abrirte a su amor por ti.

En cualquier relación hombre-mujer, o entre dos hombres o dos mujeres, la relación tendrá éxito en la medida en que cada uno pueda recibir el amor del otro. Incluso si das el 100%, si la otra persona sólo recibe el 50%, lo que das al otro se reduce a la mitad. Si lo que el otro da es sólo el 50%, y si tú sólo puedes recibir el 50% de eso, entonces lo que tú recibes es el 25 %, y así sucesivamente. El resultado es que experimentas cada vez menos amor del otro. Para experimentar un mayor amor en tu vida, estate dispuesto a recibir regalos de los demás, ofrendas de amor, amistad y apoyo.

Si quieres traer a tu yo elevado a tu vida diaria y aumentar tu amor propio, toma una característica del alma y, siempre que tengas un momento, piensa en ella. Algunas de ellas son la paz, el aprecio, la humildad, la armonía, la alegría, el agradecimiento, la abundancia, la libertad, la serenidad, la fuerza, la integridad, el respeto, la dignidad, la compasión, el perdón, la voluntad, la luz, la creatividad, la gracia, la sabiduría y el amor. Al reflexionar o meditar sobre estas cualidades, comenzarás a demostrarlas en tu vida. Todo lo que piensas, lo eres; si cada día eliges una de las cualidades de tu ser superior para reflexionar e identificarte con ella, la crearás como una experiencia de ti mismo.

El amor propio implica respetarse a sí mismo y vivir con un propósito elevado. Cuando te valoras a ti mismo, tu tiempo, amor y visión, también lo harán los demás. Antes de ver a tus amigos, pregúntate cuál es el propósito más elevado que podéis crear juntos. ¿Alguna vez te has quedado en casa de alguien cuando realmente querías irte, pero has dudado en hacerlo, no queriendo herir sus sentimientos? Si es así, estabas valorando a esa persona más que a ti mismo. Le estabas dando a él o a ella el mensaje telepático de que no tiene que respetarte a ti ni a tu tiempo, y no debería sorprenderte que esa persona lo diera por sentado después de un tiempo.

Cuando te valoras y respetas a ti mismo hablando verazmente sobre lo que eres y tomas las medidas adecuadas, no sólo te haces evolucionar a ti mismo, sino que ayudas a los demás con tu ejemplo. La incapacidad de decir no a la gente refleja una visión del mundo que dice que los sentimientos de los demás son más importantes que los tuyos, que sus derechos son más importantes y que debes considerar sus sentimientos en primer lugar. Cuando haces esto, creas bloqueos energéticos dentro de ti, acumulando resentimiento, ira y dolor, que luego se asientan en tu aura y atraen más de lo mismo.

El amor propio proviene del corazón y puede expresarse como dulzura y amor incondicional. Algunas personas piensan que el amor propio significa actuar con poder y voluntad personal de una manera agresiva que niega los derechos de los demás. Has visto a personas que se salen con la suya y que no se preocupan por su efecto en los demás. Los llamas despiadados o desconsiderados. A menudo, de manera similar, puedes ser agresivo contigo mismo cuando una parte de ti está dominando y controlando las otras partes.

A veces, la voluntad personal actúa como si fuera un enemigo, tratando de forzar, dirigir o hacer que hagas ciertas cosas. Se puede sentir como un padre que está sobre ti. Para empeorar las cosas, es posible que pienses que las cosas que intenta forzarte a hacer es por tu propio bien. Por ejemplo, es posible que te regañes constantemente por no ser más organizado, o por posponer algo que crees que deberías empezar o terminar. Puede que hagas grandes listas de cosas que hacer y luego te sientes mal si no las haces. Esto es hacer que la personalidad tenga razón y tu otro yo esté equivocado, el yo que se resiste a la dirección de tu voluntad personal. En este caso, estás utilizando tu voluntad personal contra ti mismo. Tu yo elevado puede haber creado la resistencia para evitar que hagas ciertas cosas y te está dirigiendo a otros caminos y posibilidades que te producen más alegría.

Si utilizas tu voluntad personal junto con el corazón para ayudarte a seguir un camino que amas, tu voluntad personal puede ayudarte a aumentar tu amor propio. La voluntad personal puede ser un director de enfoque. Cuando la vinculas con lo que amas, no hay fin a lo que es posible ni límites que no puedas trascender. ¿Te has dado cuenta de que cuando te gusta hacer algo, por ejemplo tu afición favorita, puedes trabajar durante horas y decir fácilmente no a las distracciones? La voluntad personal es una fuerza como un río. Puedes fluir con ella o nadar contra ella. Puedes utilizarla para atraerte hacia tu camino más elevado o para castigarte constantemente por aparentes transgresiones. ¿Qué sistema te motiva? ¿Es tu voluntad personal la que te ayuda a aumentar tu amor propio al centrarte en tu camino y en tu elevado propósito y crear la intención y la motivación para la acción?

Por último, pero no menos importante,
no te tomes tan en serio.

Ríete y juega. No es el fin del mundo si algo no sale bien. La cualidad del humor es quizás una de las mayores puertas al amor por uno mismo. La capacidad de reír, de sonreír a los demás y de relativizar los problemas es una perspectiva en una habilidad evolucionada. Los que provienen de un alto nivel de amor propio tienen un gran ingenio y les encanta sacar a relucir la alegría infantil de los demás. Están dispuestos a ser espontáneos, suelen encontrar motivos para sonreír, y son capaces de hacer que los demás se sientan a gusto y que ellos mismos sean felices.

Cuando observes a las personas de tu vida, pregúntate (y hazlo sin juzgar): ¿se aman a sí mismas estas personas? Si estás experimentando dificultades con ellas, mira el área del problema y pregúntales si se aman a sí mismos en esta área. Envíales compasión para que la utilicen de cualquier manera que cree su más alto bien, y disfruta del amor que acabas de enviar, ya que vuelve a ti para que lo utilices en tu propio beneficio.

Hoja de actividades

1. ¿Cómo sabes si estás actuando o pensando de una manera que es amor a ti mismo?

2. ¿Cómo sería el día de hoy o el de mañana si todo lo que hicieras fuera un acto de amor a ti mismo?

3. ¿Cómo serían tus acciones si te amaras a ti mismo en las siguientes áreas: tu cuerpo, tu relación íntima, tu trabajo o tu carrera?

4. ¿Qué harías hoy o mañana para ser más amoroso contigo mismo en tus relaciones, en tu trabajo y con tu cuerpo físico? Piensa en tres acciones específicas que tomarías para cada una de estas tres áreas.

Práctica diaria de la alegría

Siente tu energía por un momento, permitiéndote llegar al centro de tu ser. Ábrete a experimentar una parte más profunda de tu ser, tu yo más profundo de tu ser, tu ser más interno, cuya naturaleza es el amor puro e incondicional. Este ser, tu alma, te ama, te comprende y siempre está trabajando por tu elevado bien. Pide a tu alma que aumente el amor que eres capaz de recibir. Permite que el amor que está en el núcleo de tu ser se haga más visible y brille, aumentando tu capacidad de amarte a ti mismo. Cuando pienses en el día que tienes por delante, imagina que sientes más el amor que hay que hay dentro de ti y que encuentras nuevas formas de expresarlo. Algo dentro de ti está más fuerte, más sabio y más amoroso a medida que te abres al amor ilimitado que hay en ti. A medida que avanzas en tu día, imagina que tu ser más íntimo te trae todas las oportunidades que necesitas para amarte, nutrirte y honrarte a ti mismo, y hazlo.

Practica hoy el amor hacia ti mismo con tus pensamientos y tus palabras. Haz que te equivoques. Perdónate a ti mismo, sabiendo que siempre haces lo mejor que sabes hacer. Hazte a ti mismo la autoridad de lo que es bueno para ti. Siente la alegría que te proporciona el hecho de honrar lo que eres. Por la noche reflexiona sobre cómo te has sentido durante el día y qué ha cambiado al abrirte a un nuevo nivel de amor por ti mismo.

AFIRMACIONES

Hago aquellas cosas que son amorosas para mí mismo.

Suelto todo lo que no es para mi elevado bien.

Me aprecio, valoro y acepto por lo que soy.

Tengo recuerdos positivos. Recuerdo los momentos en los que he tenido éxito.

Dejo ir al pasado y me centro en crear un futuro amoroso y maravilloso.

Aprecio, acepto, apoyo y valido lo que soy con mis pensamientos, sentimientos y palabras.

Me amo sin reservas.

Soy la autoridad de lo que es bueno para mí.

Me reafirmo con confianza y compasión.

Creo en mí mismo.

Salgo de mi corazón.

Me río y juego. Tengo una sonrisa en mi corazón.

Apoyo a otras personas para que se sientan bien consigo mismas.

Me perdono, sabiendo que siempre hago todo lo mejor que sé.

La gente me quiere y me acepta por lo que soy.
Experimento sonrisas y rostros amistosos dondequiera que vaya.

Recibo amor con facilidad y los demás me lo dan generosamente.

CAPÍTULO V

Autorrespeto, autovaloración y autoestima

Lo que necesitamos para sentirnos bien con nosotros mismos no es lo mismo de una persona a otra. Lo que tú requieres para la autoestima no es necesariamente lo mismo que otra persona. Es importante descubrir lo que te hace sentirte digno de confianza en ti mismo y felicidad por lo que eres.

El autorrespeto en los niveles más altos proviene de honrar tu alma. Esto significa hablar y actuar desde un nivel de integridad y honestidad que refleje tu yo más elevado. Significa defender lo que crees (pero no tienes que convencer a los demás de que lo crean), y actuar de una manera que refleje tus valores. Muchos de vosotros criticáis a los demás por no estar a la altura de un sistema de valores que consideráis correcto, pero al examinarlo más de cerca puede que vosotros mismos no lo estéis cumpliendo. Sin duda has visto gente que siempre está diciendo a los demás cómo deben actuar, pero hacen todo lo que les apetece. El respeto a uno mismo significa actuar según tus valores y lo que dices que crees.

Profesar un conjunto de valores, pero actuar desde otro conduce a muchos conflictos internos. Por ejemplo, puede que en el fondo creas en la monogamia y sin embargo la persona con la que estás quiere una relación abierta. Tú decides seguir porque quieres aferrarte a esa pareja. Crees en un conjunto de valores, pero vives según otros, y habrá mucho conflicto y dolor potencial en torno a esta cuestión.

¿Cómo puedes saber si los valores que «crees» que quieres vivir son realmente tuyos? A menudo no puedes saberlo hasta que lo intentas. Puede que pienses que una buena persona se levanta temprano por la mañana y, sin embargo, siempre duerme hasta tarde. Muchos de vosotros tenéis valores que creéis que deberíais vivir, pero no lo hacéis. Lo mejor que puedes hacer es probar estos valores: levantarte temprano por la mañana durante un tiempo. A menudo, lo que crees que son tus valores resultan ser «deberes» que te han dado otros, y cuando los vives de verdad, descubres que no te sirven.

Pregúntate qué es lo que valoras. ¿Qué crees que hacen las buenas personas? ¿Sigues estos valores? Es difícil sentirse bien con uno mismo si vives de una manera que va en contra de tus valores fundamentales. Es importante examinar tus valores y vivir según ellos o cambiarlos.

El respeto a ti mismo viene de tu poder, no de tu debilidad.

Cuando te quejes de que alguien o algo te hace sentir triste o enfadado, pregúntate: «¿Por qué elijo experimentar ese sentimiento o reaccionar de esa manera?». Culpar a los demás siempre te quitará poder. Si puedes descubrir por qué eliges sentirte herido por las acciones de otras personas, aprenderás mucho sobre ti mismo. Algunos de vosotros tenéis miedo de que si os defendéis, perderéis el amor de alguien. Algunas personas son bastante buenas para convencerte de que estás equivocado cuando defiendes tus creencias. Agradéceles en silencio que te den la oportunidad de hacerte fuerte, porque a menudo la fuerza se desarrolla frente a la oposición. El respeto a uno mismo significa defender tu verdad más profunda y conocer tus sentimientos más profundos. Significa hacer de ti mismo y no de otro la autoridad de tus sentimientos.

Algunos de vosotros vivís u os relacionáis con personas que os menosprecian y os hacen sentir mal. Puedes acabar centrándote tanto en sus sentimientos que pierdes de vista los tuyos. Una mujer estaba casada con un hombre que constantemente criticaba todo lo que ella hacía. Ella se centró tanto en los sentimientos de él que durante todos los años que estuvieron juntos nunca se preguntó cómo se sentía sobre la forma en que él la trataba. Siempre se esforzaba por complacerlo, tratando de anticiparse a sus estados de ánimo y caprichos para evitar sus críticas. Sin embargo, todo lo que intentaba terminaba con él enfadado o irritado con ella. Empezó a sentir que había fracasado o que era de alguna manera una mala persona. Pasó tantas horas analizando los sentimientos de él que perdió el contacto con los suyos. Muchos de vosotros tratáis de complacer a la gente, y al intentar complacerlos, se enfocan más en cómo se sienten ellos que en cómo te sientes tú.

La autoestima significa prestar atención a cómo te sientes. No necesitas dar las razones por las que eliges hacer algo. No necesitas demostrar nada a los demás sobre tu valía. Valida tus sentimientos; no los analices y los cuestiones. No les des vueltas, preguntándote: «¿Tengo realmente una razón para sentirme herido?». Deja que tus sentimientos sean reales para ti y respétalos.

Muchos de vosotros hacéis de otras personas la autoridad de lo que es bueno para vosotros. Cuando te dicen que eres malo, les crees. Cuando dicen que las cosas son tu culpa, les crees. No estoy sugiriendo que ignores lo que otras personas dicen, sino que respetes lo que sientes. Una cosa es estar abierto a la crítica constructiva y otra es intentar constantemente hacer lo que los demás quieren que hagas cuando en realidad no lo quieres para ti. Crear autoestima y autovaloración implica honrar tus propios sentimientos y tu camino y dirección. Significa honrarte a ti mismo con tus palabras, acciones y comportamiento.

La autoestima significa creer en ti mismo, saber que has hecho las cosas mejor de lo que sabes, aunque dos días después veas un camino mejor. Implica hacer lo correcto en lugar de lo incorrecto y permitirte sentirte bien con lo que eres.

Algunos de vosotros os esforzáis mucho todo el tiempo, os presionáis, os apresuráis y sentís que todo lo que hacéis no es suficiente. Intentarlo y trabajar duro para hacer las cosas no es necesariamente el camino de la alegría. Respétate a ti mismo siguiendo tu flujo interior. Descansa, juega, piensa y tómate tiempo para estar en silencio. Hacer esas cosas que te nutren es una forma de aumentar tu autoestima.

Como te tratas a ti mismo
es como te tratarán los demás.

No esperes a que los demás te respeten o te traten de forma más positiva. No lo harán hasta que te trates a ti mismo con respeto. No tienes que estar rodeado de gente que no te honra, no te respeta y no te trata bien. Si te encuentras con ese tipo de personas, actúa con dignidad y recuerda que no te respetan porque no se respetan a sí mismos. Puedes enviar telepáticamente un mensaje sobre cómo quieres que te traten. Los demás sólo se aprovechan de ti y lo dan por aceptado si tú se lo permites.

No es necesario que te enfades ni que exijas tus derechos, porque eso sólo crea una lucha de poder entre tú y los demás. Mantén tu corazón abierto. Ellos probablemente no pueden reconocer su propio ser superior, y por lo tanto no es posible que honren el tuyo. No quieras basar tu autoestima en cómo te tratan o te ven los demás. Por muy bien que te sientas contigo mismo, siempre habrá quienes no te traten de forma respetuosa, porque no han aprendido a tratarse a sí mismos con amor.

Las relaciones que tienes con los demás sólo pueden ser tan buenas como las relaciones que ellos tengan con ellos mismos. Si no saben amarse a sí mismos, eso limita lo que pueden amarte a ti. Por mucho que te esfuerces, por muchas cosas bonitas que hagas, no podrán darte el amor que buscas.

Algunos de vosotros sentís que vuestros padres son los responsables de vuestra falta de autoestima. No puedes culpar a tus padres, ya que fue tu reacción ante ellos la que creó la falta de confianza. Dos niños pueden provenir de padres igualmente abusivos o negativos, y uno crecerá sintiéndose bien consigo mismo y el otro no. Tú tomas la decisión de sentirte mal. El perdón es la clave para sentirse bien con el trato de los demás. Entonces, libera la ira que puedas sentir, simplemente déjala ir y concéntrate en otras cosas.

En lugar de sentir lástima por tu infancia o sentirte víctima de tu crianza, date cuenta de que tu alma eligió ponerte en esa situación para aprender algo que te ayude a crecer. Una de las lecciones que puedes haber aprendido en esta vida es cómo amarte y honrarte a ti mismo, por lo que creas situaciones que te desafían a hacerlo. Cuando decidas amarte y honrarte a ti mismo, el patrón terminará.

Algunas personas podrían decir: «Tengo un patrón de personas que me maltratan porque mi padre fue un maltratador». En este caso, esas personas vinieron a la Tierra para aprender algo sobre el amor, y si no lo aprendieron de su padre, se rodearán de personas con patrones similares para que les enseñen lo que necesitan aprender.

Por ejemplo, puede ser que hayamos experimentado a nuestro padre como maltratador, y luego nos sentimos atraídos por tipos de personas similares, hasta que un día decidimos que ya no permitiremos que otros nos traten de esa manera.

> *Cada situación de tu vida*
> *es una experiencia de aprendizaje*
> *creada por tu alma para enseñarte a ganar*
> *más amor y poder.*

Los niños responden de forma diferente a la misma crianza, como se puede ver cuando se observa lo diferentes que pueden ser los hermanos, aunque tengan los mismos padres. Algunos niños responden a la energía negativa que les rodea volviéndose cariñosos y amables. Otros son tan sensibles que no soportan la energía negativa y se cierran, no queriendo sentir nada. Y otros responden sintiendo que deben ser duros y entonces proyectan una imagen de invulnerabilidad. La autoestima proviene de estar dispuesto a reconocer quién eres y quererte tal y como eres en este momento. Es complicado cambiar hasta que no se acepta lo que se es. Cuando te honras a ti mismo y a tus sentimientos, los juicios y opiniones de los demás no pueden afectarte.

Eres un individuo digno, sin importar tu pasado, sin importar tus pensamientos, sin importar quién crea en ti. Eres la vida misma, creciendo, expandiéndose y alcanzando lo alto. Todas las personas son valiosas, hermosas y únicas. Cada experiencia que tienes está destinada a enseñarte más sobre cómo crear amor en tu vida.

Hay una delgada línea entre respetarse a sí mismo y ser egoísta. Algunos de vosotros sentís que tenéis todo el derecho a enfadaros con los demás porque os han herido. Honra tus sentimientos, pero hazlo de tal manera que también honres los sentimientos de los demás. Para lograrlo, deberás partir de un alto nivel de hablar y pensar. Hablar de tu ira con los demás, gritando, sólo crea una lucha de poder con los demás y cierra el corazón de todos.

Cuando alguien hace algo que no te gusta, abre tu corazón antes de hablar. Si decides decir algo, di lo que sientes sobre la situación, en lugar de culpar a alguien por algo que te ha hecho. Puedes decir: «Me siento herido», en lugar de: «Me has herido». Una forma poderosa de decirlo es: «Elijo sentirme herido», porque cada sentimiento que tienes es uno que has elegido.

La autoestima es saber
que estás eligiendo tus sentimientos
en cada momento.

Cuando te comunicas con otras personas de una manera que honra su ser más profundo, siempre te sientes mejor contigo mismo. Puedes notar que cuando te desahogas expresando tu ira o tu dolor, a menudo te sientes peor después. Por lo menos, hay una sensación de estar incompleto.

No puedes abandonar una situación hasta que no lo hayas hecho con amor. Esas situaciones que dejas con ira estarán ahí para que las resuelvas en el futuro. Puede que no sea con la misma persona, pero crearás una situación similar con otra persona que te permita resolverla con paz y amor.

Es importante respetar a los demás. Si no te sientes respetado por los demás, es posible que te hayas colocado en esa situación para aprender a tener compasión y delicadeza en el trato con otras personas. Ser sensible a los sentimientos de los demás es diferente a tratar de complacerlos. Estate dispuesto a ver sus necesidades y deseos. ¿Te diriges a los demás de forma brusca, sin tener en cuenta sus sentimientos? ¿Hablas con enfado o irritación?

Vigila la energía que transmites a los demás, porque lo que emitas, lo recibirás de vuelta. Sé más consciente de tu efecto en los demás, porque cuanto más los respetes, más respeto recibirás tú. Honra su valor, su tiempo y sus valores, y verás cómo ellos honran los tuyos.

Algunas personas honran a otras todo el tiempo y sienten que no reciben lo que dan. En este caso, a menudo no sienten que merecen ser tratados bien, y permiten que la gente lo dé por hecho. Es fácil respetarse a sí mismo cuando los demás te respetan. El reto es respetarse a sí mismo cuando los que te rodean no lo hacen. En primer lugar, perdónalos, y luego deja de lado cualquier necesidad de que te validen. Cuando necesitas que otras personas te validen, que te aprecien o te entiendan para sentirte bien contigo mismo, estás regalando tu poder.

Te sientes bien cuando otras personas creen en ti, confían en ti y te apoyan. Sin embargo, si quieres ser poderoso, es importante no necesitar que otras personas lo hagan como condición para creer en ti mismo. La necesidad de una validación constante convierte a los demás en la autoridad y no a tu propio ser.

Tu verdad puede no ser la misma que la de los demás. El único error es cuando no honras tu verdad y aceptas lo que es verdad para otros, aunque no lo sea para ti. Algunas personas creen en la reencarnación y otras no. Puede ser que la creencia en la reencarnación haga que la vida sea más alegre y más fácil de vivir. También puede ser que la creencia de que no hay otras vidas hace que ésta sea más importante y real.

Sea cual sea la creencia que tengas, es importante que la honres y estés abierto a nuevas formas de ver las cosas si éstas crean más alegría en tu vida. No aceptes automáticamente algo si no tiene el tono de la verdad para ti. Honra tu verdad, cree en ti mismo y defiéndete, pero ten compasión por las demás personas.

Recuerda que tú cuentas, que eres importante y que tienes una contribución única y especial que aportar al mundo. Has de saber que eres un ser especial. Tus sueños, fantasías y objetivos son tan importantes como los de cualquier otra persona.

HOJA DE ACTIVIDADES

1. Piensa en un patrón que te parezca que estás experimentando con la gente una y otra vez.

2. Calla, relájate y entra en tu interior. Pide a tu yo más profundo y sabio que te muestre lo que estás aprendiendo de esto. ¿Cómo te está enseñando a respetarte y amarte más a ti mismo?

3. ¿Qué cualidades del alma estás desarrollando a partir de esta situación? Por ejemplo, puedes estar desarrollando la cualidad de la compasión, la honestidad, la verdad más profunda, la paz, el amor propio, la humildad, la inofensividad, la responsabilidad, etcétera.

4. ¿Estarías dispuesto a aprender estas mismas lecciones y a desarrollar estas cualidades creciendo con alegría en lugar de repetir este patrón una y otra vez? Si es así, haz que ésta sea tu intención, afirma que estás listo para liberar este patrón como forma de crecimiento, y ábrete a nuevas y más alegres formas de evolucionar.

PRÁCTICA DIARIA DE LA ALEGRÍA

Comprométete a respetarte y honrarte a ti mismo y a tu verdad. Decide ver cada situación que se te presente hoy como una oportunidad para hacerlo. Aumenta tu capacidad de honrarte a ti mismo con tus acciones y palabras alineándote con tu alma, tu yo más íntimo.

Deja que tu alma inunde toda tu personalidad con sentimientos de autoestima y respeto por uno mismo. Siente cómo tu alma aumenta tu capacidad de creer en ti mismo y de tratarte con respeto.

Piensa en el día que te espera. Imagina que, antes de tratar con personas o situaciones, te tomarás un momento para centrarte y alinearte con la parte más elevada de tu ser. Mientras lo haces, imagina que tu alma fortalece tu capacidad de conocer tu verdadero ser interior y de hablar y actuar de forma que estén alineados con él.

Imagínate a ti mismo interactuando con la gente de manera que afirme tu valor, respeten tus sentimientos y honren lo que eres en tu interior. Piensa en cómo te sentirás al final del día cuando actúes de esta manera. Date cuenta de que si te respetas a ti mismo, los demás también te respetarán. Hoy decide que eres digno y date permiso para ser fiel a ti mismo con cada palabra que digas y en cada interacción que tengas.

AFIRMACIONES

Me alineo con mi yo más íntimo a menudo a lo largo del día.
Me trato con respeto.

Hago cosas que me nutren.

Creo en mí mismo.

Presto atención a mis sentimientos y los respeto.

Asumo la responsabilidad de cómo me siento.

Sigo mi flujo interior a lo largo del día.

Mi corazón está abierto.

Me siento bien conmigo mismo.

Honro mis valores con mis palabras y pensamientos.

Soy digno.

Me valoro.

Respeto y honro a otras personas.

Elijo estar rodeado de personas que me honran y respetan.

Actúo de forma que promueva los sentimientos de autoestima
y autovaloración.

Utilizo sabiamente mi tiempo y mi energía.

Confío en mi sabiduría interior.

Creo en mi capacidad ilimitada para crear lo que quiera.

Honro mi verdad más profunda con mis palabras, acciones y comportamiento.

CAPÍTULO VI

Refinando el ego: reconociendo quién eres

Es importante reconocer quién eres, sin ser demasiado egoísta ni demasiado humilde. Es el doble problema de ser todo lo que puedes ser. Muchos de vosotros tenéis desarrollada una imagen de poder que querríais emular.

Muchas de vuestras imágenes y modelos de personas poderosas provienen de aquellos que han abusado de su influencia. Por lo tanto, muchos de vosotros os habéis abstenido de usar vuestro poder porque las imágenes que tenéis de él son negativas.

Es importante desarrollar
imágenes positivas
sobre la naturaleza del poder.

Muchos de vosotros sois muy evolucionados, amorosos y sabios y estáis buscando maneras de expresar estas cualidades en el mundo exterior. Aprende a percibir la diferencia entre las personas que son verdaderamente influyentes y están llenas de luz y las que sólo llevan el ropaje del poder. Esta habilidad te ayudará en tu camino de la alegría, ya que también te ayudará a reconocer tu propia nobleza, bondad y sabiduría. Piensa ahora en una persona que consideres poderosa, hombre o mujer. ¿Qué es lo que admiras de esa persona?

Todos conocéis a personas que tienen mucha autoridad y, sin embargo, cuando estás con ellos, te sientes depreciado, ignorado o menospreciado. Hablo de esas personas que parecen estar en una posición de poder y control y que tienen mucha gente a su alrededor. Diré que el verdadero poder es la capacidad de motivar, amar, animar y ayudar a las personas a reconocer quiénes son.

Piensa ahora en las personas que conoces y que han cambiado tu vida. Al conocerlas, te sentiste inspirado y expandido. Piensa en cómo utilizaron su influencia. Es importante reconocer a las personas que están llenas de luz, porque vienen en muchas formas y modalidades.

Es el momento de ser consciente de las personas que te llevan a un camino de mayor luz y alegría. Si puedes identificar claramente a estas personas y rodearte de ellas, crecerás más rápidamente y tendrás mucho más que ofrecer a los demás.

Las personas evolucionadas suelen ser almas muy amables. Algunas almas evolucionadas aún no reconocen quiénes son y pueden ser demasiado humildes. Suelen ser generosas, serviciales y amistosas. Puede parecer como si no pudieran hacer lo suficiente por ti.

En un determinado nivel de desarrollo en el que la personalidad aún no reconoce el nivel del alma, las personas pueden ser demasiado humildes, llevando todavía el manto de la duda, de preguntarse quiénes son. Tú que eres tan amable y cariñoso, pero demasiado humilde y lleno de dudas, también estás lleno de luz; tienes mucho que ofrecer al mundo. Es importante que os quitéis el velo, porque os impide servir a gran escala. Cuando prestas atención a tus dudas y miedos, a esa vocecita que te dice: «No eres lo suficientemente bueno», simplemente estás prestando atención a tu yo inferior. Sin embargo, tú tienes la capacidad de cambiar tu enfoque.

Presta atención a tu naturaleza más elevada,
y tu naturaleza inferior simplemente
se marchitará por falta de atención.

No necesitas prestar atención a esas voces dentro de ti que crean dolor o que te hacen sentir menos competente, inteligente o capaz. Puedes simplemente actuar como si esa parte de ti fuera un niño pequeño; abrázalo, tranquilízalo y sigue adelante. No dejes que esas voces atraigan demasiado tu atención, y tampoco pienses que tú eres ellas. Aprende a no prestar atención a las vocecitas interiores que te harían creer que no eres grande.

La nobleza básica de tu alma busca expresarse en tus acciones. ¿Qué cualidades o rasgos de personalidad te gustaría tener? ¿Qué rasgos de carácter ya tienes y con los que te sientes bien? Date cuenta de que las cualidades que te gustaría encarnar, ya las tienes. Simplemente estás buscando una mayor expresión de ellas en tu vida.

Hay una línea muy fina entre ser egoísta y estar seguro de sí mismo. Caminar por esa línea equilibra la expresión del poder. ¿Presumes de ti mismo? ¿Vas por ahí explicando a la gente cuando haces algo grande? ¿O escuchas a la gente con un oído abierto, dejando de lado tus propios logros? La tendencia a exagerar los logros puede crear problemas. ¿Te encuentras ensayando lo que vas a decir a alguien sobre algo maravilloso que has logrado? Hay una diferencia abismal entre la confianza y el egoísmo.

Si sientes que has hecho o estás haciendo algo grande o inusual, le estás diciendo a tu subconsciente que no es un logro normal. Si quieres traer más grandes logros a tu vida, entonces tómalos con calma cuando ocurran. (Felicítate a ti mismo como si esto fuera algo que hicieras todos los días). Por ejemplo, algunos de vosotros hacéis dietas. Cuando tenéis éxito uno o dos días, os decís a vosotros mismos lo bien que lo habéis hecho. De este modo le decís a vuestro subconsciente que se trata de un acontecimiento extraordinario y no de uno normal.

Si quieres cambiar tus hábitos nutricionales y comes alimentos saludables durante uno o dos días, trátalo como si fuera algo que haces a diario, en lugar de que parezca una gran e inusual hazaña. Tómate tu logro con calma. De este modo, entonces crearás una visión de la alimentación saludable como tu modo normal de ser. Más adelante, sin embargo, cuando este modo de vida se haya establecido, permítete sentirte bien por el cambio que has hecho.

Hay veces en las que necesitas felicitarte a ti mismo mucho más de lo que lo haces. Ésta es la otra cara de la moneda, no el exceso de egoísmo, sino la falta de él. Algunos de vosotros conseguís vuestros objetivos y nunca os detenéis a reconocer o felicitaros a vosotros mismos; simplemente os centráis en la siguiente cosa que debéis hacer. Os falta conciencia de vuestros logros y no reconocéis las cosas que hacéis que funcionan bien en vuestra vida.

Es importante tomar conciencia cuando te centras en lo que no eres. Puedes decir: «Necesito hacer esto o aquello. ¿Por qué estoy siempre tan desorganizado, tan poco concentrado?». Sé consciente de que cuando te centras en tu falta de ciertas cualidades, estás rechazando y debilitando las cualidades que quieres desarrollar.

Todo aquello a lo que prestes atención es lo que creas.

Si te pasas la vida sintiéndote mal por algo que hiciste, sintiendo que no fuiste poderoso o que no dijiste lo correcto, o si te enfocas en las cosas que no eres, aumentas su poder sobre ti. En su lugar, reconoce las cualidades que tienes. Escoge las cualidades que quieres llegar a tener y recuerda las veces que has demostrado esas cualidades. Cuanto más veas dentro de ti lo que quieres llegar a ser, más te convertirás en ello.

Si te dices a ti mismo: «No tengo fuerza de voluntad; nunca consigo hacer las cosas», entonces simplemente estás enviando esa energía hacia el futuro. Si, por el contrario, te dices a ti mismo: «Me encanta la forma en que actúo con la gente; tengo tanta fuerza de voluntad, estoy tan centrado», experimentarás una nueva energía que surge de tu interior. Te encontrarás expresando esas cualidades.

Cada vez que tienes una imagen negativa de ti mismo –diciendo frases como «nunca consigo hacer las cosas, no tengo suficiente tiempo»–, envías una imagen al mundo, difundes esa cualidad y creas esa circunstancia en tu vida. Si dices cosas positivas sobre ti mismo, también te convertirás en ellas.

Las almas muy iluminadas y evolucionadas saben mostrar su grandeza y poder y no crear defensas, sino devoción. Si quieres que la gente te respete y te admire, debes saber que eso no sucederá porque andes por ahí diciendo a todo el mundo lo grande que eres. Has visto a personas que hacen eso; invitan a la agresión. También has visto a personas que están realmente evolucionadas, que sonríen, que reconocen la grandeza en otras personas, cuyo enfoque es asistir y ayudar. Ése es el verdadero poder. Viene de la imagen interna que tienes de ti mismo. No necesitas decirle a la gente si estás en paz o concentrado, ellos lo saben. La comunicación es telepática.

> *Las imágenes que envías*
> *al mundo sobre ti mismo*
> *determinan cómo te ven los demás.*

Si vas por ahí diciendo a la gente algo sobre ti mismo que no crees que sea cierto, la gente lo percibirá. Por otro lado, si sabes que tienes una cualidad particular o un rasgo de tu personalidad, allá donde vayas la gente lo reconocerá en ti y te apoyará por ello, aunque no se lo digas.

Un ego refinado tiene la capacidad de llevarse bien con otras personas, de ayudarles a ver su nobleza y su poder. La competencia suele venir de aquellos que no ven quiénes son, que no confían en su grandeza interior. Esto proviene de la falta de confianza. Cuando se está verdaderamente seguro, cuando se conoce y experimenta la abundancia disponible, no hay necesidad de competir. Ayudarás a otros a crear abundancia en sus vidas, ya sea dinero, amor o éxito. Querrás ayudar a los demás a ver quiénes son, porque tú tienes lo que necesitas y reconoces lo que eres.

Cuando estás con tus amigos, ¿te preocupa lo que ellos piensan de ti? Si quieres que te respeten y te admiren, dedica tiempo a escucharlos. Ayúdales a centrarse en su mayor bien; ayúdales a ver su belleza y su luz interior. Las personas que tienen verdadero poder no se preocupan por la impresión que causan. Se interesan más por la persona con la que están que en ellos mismos. Encuentran que su sensación de paz interior aumenta.

> *Muchos de vosotros habéis tenido miedo*
> *de hacer valer vuestro poder*
> *debido a vuestras imágenes erróneas*
> *y negativas de vuestro poder.*

Se necesitan más modelos y líderes que sean ejemplos de autoridad positiva. Muchos de vosotros, grandes líderes espirituales, habéis llegado a mostrar nuevas imágenes de poder, un poder espiritual refinado. Una persona influyente es alguien que ha vinculado su voluntad personal con una Voluntad elevada y que puede dirigir su voluntad personal hacia un bien elevado. Ése es el verdadero poder. Alguien que se ocupa de ayudar y sanar a los demás está demostrando poder espiritual.

Aunque la gente diga palabras profundas y hable de cosas sabias, si no te sientes aumentado y expandido cuando estás con ellos, como si hubieras accedido a un nivel más profundo de tu ser, entonces no has experimentado verdadero poder.

Si quieres que la gente que te rodea experimente tu poder y reconozcan quién eres, escúchalos con el corazón y no te preocupes por la impresión que les causes. Preocúpate por ellos y atiéndelos. Presta atención con tu corazón y concéntrate en cómo puedes elevar su conciencia y energía. Puedes ver el verdadero poder en los ojos. Hay mucho amor en los ojos de aquellos que son verdaderamente poderosos, y te miran directamente. No evitan tus ojos, sino que te miran directamente. Sientes que de verdad se preocupan por ti. Prestan atención a lo que dices.

¿Le das ese tipo de alerta a la gente? ¿Prestas atención? ¿Los miras a los ojos cuando hablas? ¿Escuchas lo que dicen o estás ocupado construyendo tu respuesta o pensando en una defensa? ¿Tu mente se desvía con frecuencia hacia otras cosas mientras los demás hablan? Presta atención con tu corazón; escucha las palabras no dichas, porque todas ellas son formas de desarrollar tu poder.

Mira a esas personas que son amables y gentiles, que no pueden hacer lo suficiente por ti o no te dan suficiente amor. Atrae a esas personas a tu vida; atráelas hacia ti. Has oído la expresión «Los mansos heredarán la Tierra». Esto significa que el verdadero poder se expresa a través de la humildad. Las personas verdaderamente poderosas tienen una gran humildad. No tratan de impresionar; no tratan de ser influyentes. Simplemente lo son. La gente se siente atraída por ellos de forma magnética. Suelen ser muy silenciosos y centrados, conscientes de su esencia. Saben que todo en el universo exterior es simplemente un símbolo de sus mundos interiores.

Están a cargo de sus destinos, y a menudo tienen a muchas personas que les piden consejo.

Las personas se sienten recargadas y regeneradas por su contacto. No intentan convencer a nadie de nada; sólo invitan y ofrecen. Nunca persuaden, ni utilizan la manipulación o la agresividad para salirse con la suya. Escuchan. Si hay algo que puedan ofrecer para ayudarte, lo ofrecen; si no, se callan.

Mira a tu alrededor los modelos que has elegido y redefine el poder en tu vida. Míralo como ese río de energía que fluye suavemente y que tu alma dirige. Toma conciencia de quién eres. Transmite al Universo imágenes positivas y amorosas sobre ti mismo y observa cómo responde la gente. Estate dispuesto a utilizar tus cualidades más elevadas y reconoce tus capacidades.

Hoja de actividades

1. Piensa en dos personas que conozcas y que realmente hayan marcado una diferencia en tu vida, que te hayan animado, amado y motivado, o que te hayan hecho sentir inspirado y expandido.

2. Piensa en dos personas por las que hayas hecho lo mismo. Imagínate a ti mismo como poseyendo las cualidades que inspiran, motivan, animan y expanden a los demás.

3. ¿Qué cualidades o rasgos de carácter tienes que te gustaría expresar más, como la compasión, la sabiduría, la paz, la alegría, el equilibrio, la seguridad? Enuncia todas las que se te ocurran como si esas cualidades estuvieran creciendo y se expandieran. Por ejemplo: «Mi compasión se expande cada día».

4. Selecciona a una persona o situación en la que practicar la expresión de una de esas cualidades esta semana.

Práctica diaria de la alegría

Hoy, si lo deseas, practica la relación con otras personas y contigo mismo de modo que reconozcan quién eres más allá del ego, que honren tu ser interior y el ser interior de los demás.

Para crear un cambio en tu capacidad de relacionarte con los demás más allá del ego, conéctate con lo más íntimo de tu ser. Ábrete a recibir el amor, la compasión, la sabiduría, la comprensión, la dulzura y la humildad que yacen en tu interior y que son la esencia de lo que eres.

Piensa en alguien con quien vayas a estar hoy. Imagina que miras directamente a los ojos de esa persona mientras hablas. Escucha lo que esa persona dice con toda tu atención. Deja de pensar en ti mismo y concéntrate en la otra persona. Tu corazón está abierto. Reconoce su nobleza con tus pensamientos, palabras y acciones.

Puedes ser una fuente de apoyo, ánimo e inspiración para esa persona y para todas las personas con las que estés hoy. Hoy estás eligiendo relacionarte con los demás desde este elevado nivel de unidad, cuidado y amor, experimentando más de lo que eres en tu interior.

Siente lo amable, cariñoso y lleno de luz que eres al dejar ir al ego y al abrirte a expresar lo que eres en tu interior. Has de saber que al hacer esto, estás abriendo el camino para que los demás reconozcan cuán amables, amorosos y llenos de luz son ellos también. Siente un nuevo nivel de conexión entre tú y los demás a medida que honras lo que eres y cómo respetas y honras a la otra persona. Imagina la alegría y la paz que sentirás al final del día sabiendo que has ofrecido bondad y energía amorosa a todos los que te rodean.

AFIRMACIONES

Reconozco la luz que hay en mí y reconozco humildemente mi
nobleza.

Expreso mi poder con amor y sabiduría.

Tengo mucho que ofrecer al mundo.

Soy competente, inteligente y capaz.

Soy amable, cariñoso y lleno de luz.

Reconozco las múltiples cualidades buenas que tengo.

Me concentro en lo que hago bien.

Me digo cosas positivas.

Me rodeo de personas que tienen en cuenta mi mayor bien.

Reconozco las múltiples cualidades buenas que otros tienen
en su interior.

Escucho a las personas con el corazón y el oído abiertos.

Estoy plenamente presente con los demás cuando estoy con ellos.

Dejo de pensar en lo que me falta y me concentro en todo
lo que tengo.

Reconozco la belleza y la luz de los demás.

Ayudo a los demás a reconocer y expresar su belleza y su luz interior.

Motivo, animo y apoyo a las personas para que reconozcan quiénes son.

Inspiro a la gente.

CAPÍTULO VII

Subpersonalidades:
la unión de los egos separados

Tienes varios roles e identidades, a las que llamaré tus «subpersonalidades». Estos roles existen dentro de todos vosotros. Por ejemplo, una parte de ti puede ser impulsiva y hacer cosas sin pensar, y otra parte puede ser cuidadosa y cautelosa. A una parte puede no gustarle que los demás se enfaden contigo, y otra puede querer que la gente te necesite. Una parte de ti puede tener miedo, creando temores sobre el futuro, o una parte obsesiva puede recordar situaciones dolorosas y llamar la atención sobre ellas con frecuencia. Estás llevando a cada una de estas partes, en tu viaje por esta vida, a un nivel elevado de conocimiento y comprensión.

Aprender a no identificarte con tus subpersonalidades como si fueran tu verdadero yo te libera y te ayuda a sacarlas a la luz. El viaje hacia el yo elevado es la integración de todos los yoes, o subpersonalidades, con el alma. La voz que te dice que no puedes hacer algo, cuando tu guía interior te anima a hacerlo, no suele ser la voz del yo superior. Es simplemente una parte de ti que necesitas reconocer y amar para mostrarle tu visión más elevada.

Con tu elevada visión, puedes sanar e integrar los yoes que coexisten dentro de ti. Tal vez los creaste en tiempos de crisis, o se basan en imágenes de la realidad y en programas de instrucción transmitidos por padres o amigos. Por ejemplo, digamos que sigues atrayendo a tu vida lo que crees que son las relaciones equivocadas. Una subpersonalidad puede estar atrayendo a tu vida relaciones basadas en una imagen. Tal vez tus padres te rechazaron de alguna manera, por lo que una subpersonalidad se formó una imagen de rechazo como elemento para ser amado. Este yo puede ser muy bueno para traerte amigos, así que puedes reconocer que está intentando hacer algo positivo por ti, aunque tus amigos en algún momento te rechacen.

No te juzgues si estás repitiendo ciertos patrones una y otra vez, porque limpiar esos patrones es una de las formas de evolucionar. Ha llegado el momento de tomar conciencia de este yo, hablar con él y darle una nueva imagen del tipo de amor que quieres. Por ejemplo, puedes tener un yo que cree en la escasez (que no hay suficiente amor o dinero, etc.). Sería bueno hablar con esta parte de ti mostrándole imágenes de abundancia.

Piensa por un momento, si tuvieras seis meses de vida, ¿qué sería lo más importante que querrías terminar y dejar atrás? ¿Qué cambiarías de tu vida en este momento? ¿Qué límites tienes ahora que eliminarías? Si tuvieras que dejar un regalo al planeta, ¿cuál sería?

*Tienes una parte de ti
que mira por encima
y observa tus otras
partes: es tu yo superior.*

El mayor movimiento hacia el yo superior se produce tanto al reconocerlo como en la evolución de todas las demás partes. Tus subpersonalidades son simplemente partes de ti que aún no has alineado con tu yo superior. Puedes cambiar muy fácilmente las imágenes que estas partes sostienen si primero prestas atención a las voces de tu interior. Cuando escuches un patrón de pensamiento, como una voz dudosa, empieza a verla como una parte de ti que está pidiendo tu alma, como una parte que necesita que se le muestren nuevas imágenes y sistemas de creencias. Puedes responder a cualquiera de las voces que sabes que no son tu yo superior, escuchándolas y mostrándoles tu visión más elevada. Simplemente no son conscientes de que has cambiado el modelo con el que estás creando la realidad.

¿Cuál es este propósito elevado, esta visión más elevada? Todos vosotros habéis entrado en encarnación no sólo para alcanzar ciertos niveles de evolución, sino también para ayudar al planeta, para contribuir al bienestar de toda la vida. Cuando las cosas suceden sin esfuerzo y las puertas se abren, es porque no sólo están en su propio camino elevado, sino que lo estás tejiendo en la visión elevada de la vida en la Tierra. Estás aquí para evolucionar ciertas cualidades dentro de ti y para manifestar tu elevado propósito. Puedes saber cuáles son esas cualidades observando los desafíos que se te presentan continuamente. Pueden parecer situaciones separadas, y sin embargo hay un patrón en lo que estás aprendiendo en tu vida y las lecciones que estás atrayendo.

Todo el mundo nace con un propósito y una visión elevados. Tu viaje a través de esta vida es encontrar y cumplir esa visión. El desafío para tu yo elevado es ampliar constantemente tu visión de lo que eres y poner ese yo evolucionado en ámbitos cada vez más amplios. Algunos de vosotros podéis especializaros en una cosa específica, centrándoos en ella con gran detalle. Para otros, su camino puede ser llegar a nuevas áreas para adquirir conocimientos. Entrelazar todas las partes de tu ser en un todo mayor, convirtiéndose en tu ser más elevado, es uno de los objetivos de tu alma en su ciclo evolutivo.

El yo elevado es la parte de ti que está más allá del mundo de las polaridades. Tus subpersonalidades existen en el mundo de las polaridades. Cada parte dentro de ti que se inclina en una dirección creará su opuesto. Esto significa que si tienes una parte conservadora, que quiere que tu vida siga igual y no le gusta el cambio, entonces también tendrás la parte opuesta, una parte a la que le gusta hacer las cosas espontáneamente, ser libre y hacer cambios. Es posible que estas dos partes se enfrenten constantemente.

Cuando tienes dos partes dentro de ti –una diciendo una cosa y otra lo contrario–, la resolución de estas dos partes permite que tu ser superior se manifieste. Una de las formas de hacerlo es dejar que las dos partes mantengan un diálogo. Si tienes una situación en tu vida en la que estás yendo y viniendo, una parte de ti dice: «Ésta es la respuesta, hazlo así», y otra parte dice: «No, hay que hacerlo así», entonces puedes puede ver la situación como si las dos partes estuvieran en conflicto.

Imagina una en cada mano y crea un diálogo entre ellas. Deja que cada una exprese a su vez el bien que intenta conseguir, ya que cada subpersonalidad está siempre intentando hacer algo bueno para ti de la mejor manera que sabe. Deja que las subpersonalidades hablen entre sí y exploren un compromiso que funcione para ambas. Muéstrales mentalmente lo que intentas conseguir con tu vida y pídeles que te ayuden con tus objetivos importantes.

> *Cada parte de ti*
> *tiene un regalo para ti*
> *y está ahí como tu amigo.*

No hay ninguna voz dentro de ti que no tenga la intención de ayudarte. Una voz o subpersonalidad que no parezca útil puede que no tenga una imagen exacta de lo que quieres, o puede que se haya establecido hace muchos años y aún esté operando desde un programa antiguo.

Una parte de ti que experimenta miedo, por ejemplo, puede estar tratando de protegerte de las cosas que cree que pueden perjudicarte, aunque ahora sepas, desde un elevado nivel de comprensión, que esas mismas cosas no pueden hacerte daño. Tu viaje en esta vida es llevar todas tus partes hacia tu visión y propósito elevados.

Aprende a amar a cada uno de tus yoes, porque cuando los amas, comienzas el proceso de unirlos con tu ser elevado.

Hoja de actividades

1. Toma un área de tu vida en la que estés experimentando un problema o en la que sientas que hay alguna carencia o limitación.

2. Ahora, decide qué parte de ti está creando este problema. Cierra los ojos e imagina cómo es esta parte. ¿Es joven o vieja? ¿Cómo está vestida? ¿Qué expresiones tiene en su rostro?

3. Agradece a esta parte de ti por intentar, de la mejor manera que sabe, hacer algo bueno para ti. Pregúntale qué cosa buena está tratando de lograr. Por ejemplo, si te retiene, puede estar intentando protegerte y mantenerte a salvo. Siempre hay algo bueno que esta parte cree que está logrando. ¿Qué cosas buenas cree esta parte que está haciendo por ti?

4. Pregúntale a esta parte si estaría dispuesta a hacer lo mismo, pero de manera diferente, una que contribuya a tu elevado bien y que encaje con quien eres ahora. Puedes pedirle a esa parte protectora que esté atenta a nuevas formas de ayudarte a entrar en un nuevo reto o aventura.

5. Vuelve a mirar esta parte de ti mismo. ¿Se ve más vieja, más sabia o más feliz? Agradece a esta parte de ti por estar tan dispuesta a escuchar y ayudarte con tus objetivos elevados.

PRÁCTICA DIARIA DE LA ALEGRÍA

Hoy, si lo eliges, puedes acercarte a la integración de todas tus subpersonalidades. Hacer esto te permite actuar, pensar y sentir mejor como tu yo elevado, sintiéndote así más equilibrado, pacífico y amoroso. Puedes integrar tus subpersonalidades identificándolas cuando aparecen y amándolas.

Piensa en una parte de ti mismo que realmente te guste: una determinada forma de ser, pensar y actuar. Infunde a la subpersonalidad que te gusta ondas de amor y aprecio por todo el bien que hace por ti. Has de saber que al enviarle amor y gratitud, estás alineando esta subpersonalidad con tu ser más profundo, tu alma.

Ahora toma una parte de ti mismo, una subpersonalidad, que no te guste y que has etiquetado como una forma incorrecta de actuar o de ser. Tal vez esta parte de ti es temerosa, preocupada o enfadada. Conéctate con la parte más íntima de tu ser y siente su amor incondicional. Sin juzgar, con amor puro, abraza esta parte de ti. Dale las gracias por intentar, de la mejor manera que sabe, hacer algo bueno para ti. Ofrece a esta parte de ti mismo comprensión y compasión. Siente que esta parte de ti se siente atraída por el amor que le das a tu vida. Dale las gracias por intentar, de la mejor manera que sabe, hacer algo bueno para ti. Ofrece a esta parte de ti mismo comprensión y compasión. Siente que esta parte de ti se siente atraída por el amor que le ofreces, transformándola de alguna manera. Has de saber que al hacer esto estás unificando esta subpersonalidad con tu alma.

Hoy, cuando sientas que surgen diferentes aspectos de tu personalidad, detente por un momento y ponte en contacto con tu alma. Siente su amor, aprecio y compasión llegando a cada una de tus subpersonalidades, transformándolas de alguna manera. Al final del día tómate un momento para reflexionar sobre cómo tu día ha sido diferente o mejor de alguna manera por haber apreciado y amado todas tus subpersonalidades.

Afirmaciones

Amo y aprecio todas las partes de mí mismo.

Sé que todas mis subpersonalidades están trabajando para mí
de la mejor manera que saben.

Alineo todas mis subpersonalidades con mi alma y mi espíritu.

Alineo todas mis subpersonalidades con mis objetivos y propósitos
elevados.

Estoy en mi camino más elevado.

Reconozco y escucho cuando una parte de mí intenta llamar
mi atención.

CAPÍTULO VIII

El amor: conociendo
la sabiduría del corazón

El amor es el alimento del Universo. Es el ingrediente más importante de la vida. Los niños van hacia el amor; prosperan con el amor, crecen con el amor, y morirían sin él. El amor es una energía que rodea el mundo; existe en todas partes y en todo.

Todos los aspectos de tu vida tienen que ver con el amor. Incluso el momento más oscuro tiene un elemento de amor: la necesidad, la falta o el deseo de crear más. Gran parte de la energía de este planeta está dirigida a tener amor, y sin embargo, existen tantas formas de pensamiento sobre el amor en cada cultura que hacen que el amor sea difícil de experimentar.

Al hablar del amor, me gustaría hablar de los pensamientos comunes que existen sobre el amor. Los pensamientos que la gente tiene sobre algo están disponibles para ti telepáticamente, por lo que cuando se busca el amor, también se atrae la transmisión universal del mismo (junto con todas las creencias masivas que lo acompañan).

El amor puede expresarse en los niveles más altos como una partícula que viaja tan rápido que está en todas partes a la vez y se convierte en todo lo que hay, omnipresente. Puedes ver el amor como un elemento que mantiene unidas las partículas de un átomo.

Es una fuerza como la gravedad o el magnetismo, pero la mayoría de la gente aún no entiende el amor como una fuerza. Todos vosotros os esforzáis por alcanzar formas elevadas de amor, pero muchos de vosotros os quedáis atrapados en las formas de pensamiento comunes que existen sobre él.

Imagina que hay una barrera para la cantidad de amor que puedes absorber, como la velocidad de la luz, que tiene un límite superior. Se ha dicho que nada es más rápido que la velocidad de la luz y sin embargo lo hay, aunque todavía no se conoce en tu universo. Lo mismo ocurre con el amor, porque en el plano terrestre hay un punto de amor que es la expresión más alta de amor que la humanidad en su conjunto ha alcanzado. Sin embargo, aún es posible un amor mayor. Todos vuestros grandes maestros y profesores trabajan con un medio, una dimensión de amor, para traer más amor al plano terrestre. ¿Cómo se sentiría este amor? ¿Cómo sabrías si lo tienes?

Todos vosotros tenéis una experiencia de ese tipo de amor. Disponéis de palabras y términos sobre lo que es el amor, y sin embargo sabéis que el amor es más que palabras o pensamientos. Es una experiencia, un conocimiento, una conexión con el otro, con la Tierra y, en última instancia, con el ser y el alma más elevados. Todas las personas se esfuerzan por profundizar en su relación con su yo más íntimo y verdadero.

A menudo las personas te ofrecen la oportunidad
de conocer su yo más elevado y mejor
a través de la plataforma de su amor.

A veces puede parecer que, cuando te esfuerzas por alcanzar elevadas expresiones de amor, la personalidad se interpusiera con frecuencia con sus dudas, temores y expectativas. Para tener más amor, tendrás que romper con tus limitaciones pasadas en torno al amor. Si utilizas el pasado para recordar cuando tus esfuerzos por amor no funcionaron, volverás a crear tus limitaciones pasadas en tus relaciones presentes y futuras.

Puedes aumentar el amor en tu vida mirando hacia delante, dejando ir a tus patrones pasados y creyendo en tu capacidad de amar más de lo que has amado en el pasado. Otra forma de tener más amor es recordar los tiempos en los que fuiste fuerte, cariñoso y lleno de luz.

¿Qué aporta el amor a la mayoría de la gente? En un nivel masivo, el amor trae muchas imágenes. En una relación, evoca el compromiso, el matrimonio, la ceremonia y el ritual. En una familia, evoca el cuidado de los demás, la dependencia y la independencia. En una relación, el compromiso, el matrimonio, la ceremonia, el ritual y el desapego. En el plano de la personalidad, el amor a menudo hace surgir su opuesto: el miedo. Así que muchos de vosotros que os habéis enamorado o habéis tenido experiencias profundas de amor encontraréis que, en respuesta a sentir tanto amor, os retraéis o contraéis, alejándoos de la otra persona o retirando vuestro amor.

La personalidad interviene y te habla con sus dudas y preocupaciones. Puedes lidiar con esto amando a tu personalidad y tranquilizándola. Cada vez que te abres a una nueva dimensión del amor, siempre sacas a la superficie aquellas partes de ti que se han sentido no amadas. Es posible que transfieras estos miedos a la otra persona, culpándola de haberse alejado, o puedes crear una situación que justifique no amar tanto a esa persona. Sin embargo, está dentro de ti; eres tú el que crea el alejamiento. En lugar de culpar a la otra persona cuando surja la duda, el miedo o la decepción, mira hacia dentro y pregúntate: «¿Hay una parte de mí que está creando una razón para tener miedo?». Habla con esa parte. Asegúrale que no hay nada malo en ese miedo y muéstrale el nuevo y brillante futuro hacia el que te diriges.

Imagina que hay muchos mensajes telepáticos que existen en tu planeta y que con cada tema que piensas, sintonizas con todas las demás personas que están pensando en lo mismo. Ahora, si estás pensando en el amor, lo amado que eres, cuánto amor hay en el Universo, lo ligero y alegre que te sientes, entonces te conectarás con todas esas otras personas que existen en esa misma frecuencia y fortalecerás tu capacidad de amar y ser amado. Cuando surgen las dudas y los miedos, te hacen entrar en resonancia con los pensamientos y la vibración de las personas que viven en ese nivel de miedo y pueden amplificar tus propios miedos. No hagas que ese tipo de pensamientos sean perjudiciales, pero tampoco te detengas en ellos. No pases tiempo dándole vueltas en tu mente a por qué algo puede no funcionar, sino concéntrate en cómo puede funcionar, en cuánto amor puedes ofrecer a todos: a tus hijos, a tus padres, a tus amigos y a los que amas profunda y estrechamente.

El amor trasciende el yo.

La mayoría de vosotros habéis tenido esa experiencia de amor profundo en la que habéis sido capaces de dejar de lado vuestra personalidad, vuestros propios deseos, para ayudar a otro. El amor es una energía a la que puedes recurrir siempre que tengas un pensamiento amoroso hacia alguien. Literalmente, elevas tu propia vibración. Hay muchos seres elevados, como yo mismo y los que trabajan a este nivel, que están enfocando el amor en el planeta, amplificando tus sentimientos de amor. Cada vez que expresas amor incondicional, desde tu ser más profundo, y cada vez que lo recibes, también ayudas a muchas más personas a conseguirlo.

El amor de los reinos elevados es compasión absoluta y completo desprendimiento. Es ver el panorama general de la vida de las personas y centrarse no en lo que quieres de ellos, sino en cómo puedes ayudarles en su desarrollo y crecimiento. El amor es centrarse en cómo puedes servirles, y al hacerlo, cómo puedes servir a tu propio crecimiento y propósito elevado. El amor abre la puerta a tu propio crecimiento y a tu vitalidad. Puede que hayas experimentado cómo el amor expande tu vitalidad estando enamorado de cualquier persona, ya sea un hijo, un padre o un amigo. Para mí, la alegría de venir y ayudar a otros es ver a los que hablo crecer y amarse más a sí mismos. Esa energía vuelve a mí y se amplifica muchas veces para que yo pueda ayudar a más personas transmitiéndoles mi amor.

Piensa por un momento en el día de hoy o de mañana. ¿Cómo es tu día? ¿Hay algo que puedas hacer para dar amor a alguien o para experimentar más amor a ti mismo?

Reconocer a las personas y reconocerse a sí mismo es otra forma de experimentar el amor. Tómate un momento para apreciar a todas las personas que ves y enviarles un sentimiento de amor. Esto cambiará tu vida y elevará tu vibración rápidamente. Estar comprometido con la idea del amor lo traerá a ti. No entres en el nivel de la personalidad, donde te preguntas: «¿Durará esta situación, funcionará?». En su lugar, pregunta ahora mismo: «¿Cómo puedo profundizar el amor que tengo en esta relación?». El amor opera en el presente, y al centrarte en él, lo envías al futuro y lo liberas del pasado.

Si existes en un sentimiento de amor
—si puedes encontrarlo en todo lo que haces,
transmítelo a través de tu tacto,
a través de tus palabras, ojos y sentimientos—,
puedes anular con un acto de amor
miles de actos de naturaleza inferior.

Puedes ayudar a transformar el planeta. No hace falta tanta gente centrada en el amor para cambiar el destino de la humanidad, porque el amor es una de las energías más poderosas del Universo. Es miles de veces más fuerte que la ira, el resentimiento o el miedo.

Piensa por un momento en tres personas a las que les vendría bien tu amor incondicional, y envíaselo. Imagina tres personas de las que estarías dispuesto a recibir amor incondicional. A continuación, ábrete a recibirlo.

¿Te imaginas cómo te sentirías si tu corazón estuviera abierto, si a dondequiera que fueras confiaras y supieras que el Universo es amigable? ¿Cómo fluiría tu vida si creyeras que tu guía interior es gentil y amable y que la gente te envía amor allá donde vas, y que que emites un rayo de amor a todo el mundo? ¿Cómo cambiaría tu vida si cada vez que alguien te dijera algo pudieras reconocer al amor o la necesidad de amor que hay detrás de ello? Estarías constantemente buscando con más profundidad para reconocer el amor que hay dentro de cada persona, como hago yo. Al reconocer el amor, lo sacas de la gente y lo atraes hacia ti dondequiera que vayas.

Al salir hoy al mundo, sé consciente de cómo puedes expresar amor a través de tus ojos, de tu sonrisa, de tu corazón, e incluso de un toque suave si es apropiado. Habéis venido a la Tierra como una comunidad de almas, y todos vosotros podéis enviar un sentimiento de amor elevado, una forma de pensamiento de amor, y ofrecerlo a los demás. Durante el resto del día de hoy, permanece en tu corazón. Experimenta el amor que eres, y al hacerlo, estate abierto a recibir de los demás el reconocimiento de la hermosa luz y el amor que hay en ti.

Hoja de actividades

1. Piensa en al menos tres ocasiones del pasado en las que hayas sentido una oleada de sentimientos cuando pensaste o hablaste con alguien, o le diste amor.

2. Piensa en tres personas que podrían necesitar tu amor en este momento. Recuerda esos sentimientos de amor del paso 1 anterior. Envía ese amor a esas tres personas.

3. Piensa en tres formas en las que alguien te dio amor de forma inesperada.

4. Reflexiona sobre alguna forma en la que podrías sorprender y deleitar a alguien hoy o mañana con una expresión de tu amor.

PRÁCTICA DIARIA DE LA ALEGRÍA

Empieza por alinearte con tu alma, abriéndote a la esencia del amor que hay en ti. Permite que el amor de tu alma fluya en tu cuerpo, emociones y mente, elevando tu vibración a medida que lo hace. Dale permiso a tu alma para que derribe cualquier muro de tu corazón de forma que el amor que hay dentro de ti pueda fluir hacia el mundo. Imagina que estás atravesando simbólicamente una puerta hacia una nueva dimensión del amor. Siente que tu corazón se convierte en un sol radiante, tocando y elevando con amor toda la vida que te rodea.

Piensa en algo que estés haciendo hoy e imagina que el amor fluye de ti a todos los involucrados, a través de tus pensamientos, acciones y palabras. Ofreces un amor que acepta y es amable, que ve la bondad en los demás, que les ayuda a reconocerla en sí mismos y que no pide nada a cambio.

Imagina por hoy que cada situación que se te presenta, cada pensamiento que te viene a la mente, cada persona que conoces te está proporcionando una oportunidad para experimentar y expresar más amor dentro de ti. Todo lo que te encuentras hoy está siendo creado para tu beneficio, traído a ti por tu alma para expandir tu habilidad de amarte a ti mismo y a los demás.

Hoy puedes elegir experimentar más el amor que te rodea, dondequiera que mires. Siente que viene del Universo, de otras personas, de los extraños, de los seres queridos y de los amigos; siéntelo venir de las flores, las plantas, los animales y la propia Tierra. Mientras experimentas todo el amor que te rodea, siente que el amor fluye desde ti, abrazando el mundo y toda la vida con el amor que tú eres.

AFIRMACIONES

Experimento el amor que el Universo tiene por mí.

Reconozco y recibo todo el amor que el Universo me ofrece.

Tengo pensamientos de amor hacia los demás.

Ofrezco amor incondicional a los demás.

Estoy abierto a recibir el amor de los demás.

Soy consciente del panorama general de la vida de las personas.

Reconozco y aprecio lo bueno de las personas.

Mi corazón está abierto. Confío en la bondad del Universo.

Recuerdo todo el amor y la bondad que el Universo me ha ofrecido
cuando pienso en el pasado.

Aumento mi capacidad de experimentar y expresar el amor cada día.

Doy y recibo amor libremente.

Apoyo el éxito y la felicidad de todas las personas que conozco.

Todos los que conozco apoyan mi éxito y mi felicidad.

Mi corazón es como un sol que nutre toda la vida con amor.

Me abro a recibir el amor de mi alma con frecuencia.

Vivo en un entorno maravilloso y nutritivo.

Reconozco el amor o la necesidad de amor detrás de todo
lo que la gente me dice.

Siempre respondo con amor.

CAPÍTULO IX

Abriéndonos a recibir

Imagina que eres un rey y que tu tesorería está llena. De hecho, tienes tanto que no sabes por dónde empezar a distribuir la riqueza. Todas las personas de tu reino andan diciendo lo pobres que son, pero cuando les ofreces tu dinero, actúan como si no te vieran, o se preguntan qué hay de malo en lo que les ofreces. Miro hacia fuera y veo los almacenes por todas partes, sin explotar, sin usar, e incluso sin reconocer. Has oído la expresión «el cielo en la Tierra».

No hay nada que te impida tenerlo, excepto tu capacidad de pedirlo y recibirlo. ¿Qué son estos almacenes? ¿Qué cosas hay en ellos que nos gustaría repartir?

Una es el amor. Nosotros no medimos el crecimiento como lo haces tú (avances en la carrera, más dinero, etc.). Nos fijamos en la evolución espiritual, que incluye la alegría, el amor propio, la capacidad de recibir, la transformación de lo negativo en positivo, el refinamiento del ego, la voluntad de abrazar lo nuevo y la capacidad de trabajar juntos por un propósito común.

Hay mucho amor disponible, es tan abundante como el aire que respiras. ¿Pides amor? Cuanto más das y recibes amor, mayor es tu crecimiento espiritual. Cada momento que pasas concentrado en algo que no funciona, pensando en alguien que no te ama, estás haciendo como la gente que se aleja del tesoro del rey. Siempre tienes la oportunidad de pensar en los momentos en que te has sentido amado, de imaginar un futuro de abundancia, y así participar de la riqueza espiritual.

¿En qué piensas? Cada inhalación te lleva al mundo de la esencia, donde se crea la forma, y en la exhalación envías al mundo tus deseos. Cada vez que reconoces el amor que tienes, lo aumentas. Una de las leyes de la recepción es que reconocer cuando se tiene algo lo aumenta en tu vida, y cada vez que no reconoces algo, haces que sea mucho más difícil que te envíen más.

Cuanto más te concentres en lo que está mal, más mal crearás en tu vida, y más se extenderá a las áreas que estaban funcionando. Cuanto más te concentras en lo que está bien en tu vida, en lo que funciona, más funcionarán otras áreas de tu vida. Lo mismo ocurre con la recepción. Cuanto más reconozcas lo que estás recibiendo, más tendrás. Hay dos tipos de peticiones: las que hace tu personalidad y las que hace tu alma.

¿Cuáles son las peticiones de tu alma?

Una petición de evolución espiritual es una petición del alma, al igual que una petición de propósito elevado, claridad, amor y enfoque. El deseo de encontrar tu camino más elevado o más luz en tu vida también es una petición del alma.

Las peticiones de personalidad pueden disfrazarse de una petición del alma. Suelen ser más específicas, como la petición de un coche nuevo o de un objeto material, por ejemplo. Si estás dispuesto a mirar la motivación más profunda que hay detrás de lo que quieres y lo que esperas obtener al tenerlo, entonces abrirás muchas más maneras y formas en las que tu petición puede llegar a ti.

Una petición de la personalidad es muy específica, por lo que a menudo al Universo le lleva tiempo encontrar la manera de hacértela llegar. Sin embargo, si en lugar de pedir dinero, pides lo que el dinero te aportaría, como más seguridad o la posibilidad de viajar, tomar tiempo libre en tu trabajo o pagar tus facturas cada mes con facilidad, el Universo y tu alma te lo pueden traer más fácilmente.

Aprender a recibir es aprender
a pedir la esencia de lo que quieres
en lugar de pedir la forma.

A menudo el Universo trae lo que pides específicamente y descubres que no es lo que quieres. Esto hace perder mucho tiempo. Antes de decir que quieres algo, pregúntate: «¿Hay alguna forma más concreta o más precisa de expresar esa petición?».

Cuando dices: «Quiero que este hombre o mujer me ame» o «Quiero que esta persona me traiga alegría», entonces haces que sea muy difícil para el Universo darte lo que quieres, especialmente si esa persona no te ama o no te aporta alegría. Si en cambio dices: «Estoy abierto a recibir el amor de un hombre o una mujer que me ame», entonces es mucho más fácil tenerlo, porque no estás atado a una forma (una persona concreta), sino a la esencia (amor y alegría).

Si quieres que algo aparezca de una forma concreta, puede que te lleve más tiempo que si dejas que el Universo cree magia y milagros y te traiga la petición del alma, en lugar del deseo de la personalidad. A menudo, esto requiere la capacidad de dejar ir y desprenderse.

Es posible que hayas imaginado algo y que te llegue. Sin embargo, muchos de vosotros no sabéis cómo soltar lo viejo y abriros a lo nuevo. Estate dispuesto a abrirte a nuevas formas si quieres recibir. Si, por ejemplo, estás saturando tu vida con muchas relaciones, o si llenas tu tiempo con una relación insatisfactoria, entonces no hay espacio en tu vida para una relación satisfactoria. Si pides más dinero pero pasas todo tu tiempo regalando tus servicios o realizando actividades que no te aportan dinero, será mucho más difícil atraerlo.

> **Estate dispuesto a hacer lo que tu alma**
> **te indique que hagas si quieres crear**
> **lo que estás pidiendo.**

A menudo, cuando pidas algo, te encontrarás pasando por cambios inesperados para prepararte a tenerlo. Es posible que tu actitud tenga que cambiar o que el punto de vista que mantienes pueda estar creando un bloqueo de energía que te impide tener lo que has pedido. El Universo te enviará inmediatamente muchas experiencias para que te abras y cambies tu actitud para que puedas tener lo que pediste.

A veces hay que renunciar a ciertas cosas para tener lo que se ha pedido. Puede que necesites soltar un pensamiento, un amigo, una actividad inútil o un alto nivel de preocupación. No es que el Universo te esté castigando o esté tratando de impedirte conseguir lo que quieres, sino que tienes un maestro interior amable que quiere darte las cosas sólo cuando estés preparado y sea para tu mayor bien.

Tu ser más íntimo y el Universo pueden no facilitarte mucho dinero, por ejemplo, si no estás preparado para manejarlo y no fuera para tu elevado bien. Tu ser más elevado puede traerte muchas lecciones para cambiar y modificar tus actitudes antes de que llegue el dinero, para que realmente beneficie tu crecimiento. Muchas peticiones de fama y grandes cantidades de dinero no son en realidad para tu beneficio, así que tu alma puede retrasar la llegada de estas cosas, mientras te trae otras oportunidades que son más apropiadas para ti, y mientras te fortalece y construye una base para que tengas estas cosas.

Pedís tan poco, y eso es lo que nos entristece cuando miramos las mentes de la humanidad. Vemos el enfoque limitado de vuestros pensamientos, mirando a las cosas cercanas en lugar de alcanzar las alturas.

Hay maneras de tener más en tu vida.

Una forma de tener más en tu vida es usar tu imaginación, ya que es un gran regalo que el Universo te ha dado. Cada vez que te imagines teniendo algo, desafíate a ti mismo: ¡imagina tener aún más! Si quieres una casa, un amigo, un amante o cualquier relación, un coche, una vida de ocio…, fantasea con ello y amplía la visión.

La fantasía puede llevarte a un propósito más elevado. Para muchas de las cosas con las que más fantaseas (incluidas aquellas que crees que nunca conseguirás), pueden ser imágenes de tu elevado propósito y de la vida que llevarás cuando lo alcances.

¿Qué puedes pedir? Puedes pedir una evolución espiritual y más luz, ya que es una petición general que tu alma utilizará para traerte muchos regalos inesperados. (Querrás reconocer estos regalos cuando lleguen).

Confía en ti mismo y cree que puedes crear lo que deseas.

Tener fe en ti mismo y dejar de lado los recuerdos de cuando las cosas no funcionaron te ayudará a abrirte a más abundancia. Si tienes que pensar en el pasado, piensa en aquellos momentos en los que fuiste poderoso y creativo. Entra en tu corazón y pregunta si sientes que mereces toda la alegría y el amor que te esperan en tu camino de propósito elevado.

Puedes empezar a imaginar que la alegría, la paz y la armonía son tu derecho de nacimiento. La concentración, la claridad y el amor están disponibles para que los pidas. Pide una visión de tu propósito elevado, y estate dispuesto a reconocer los regalos cada día, tal y como vienen incluso las cosas pequeñas. Cuanto más reconozcas lo que el Universo te envía, más puedes traer a tu vida.

¡Pide! No podemos darte nada a menos que lo pidas. El Universo espera que lo pidas. Cuando lo veas venir, estate dispuesto a tomarlo y recibirlo. Cuando llegue la oportunidad, ¡agárrala! Agradece y reconoce al Universo por ello, y podrás crear el cielo en la Tierra.

Hoja de actividades

1. Piensa en al menos cuatro cosas de tu vida que estés haciendo bien, cosas que están funcionando y con las que te sientes bien.

2. ¿Qué cosas buenas has recibido del Universo en la última semana o mes? ¿Puedes pensar en al menos diez cosas?

3. Piensa en al menos cinco cosas que pediste en el pasado y recibiste.

4. ¿Qué te gustaría recibir del Universo ahora mismo? Utiliza tu imaginación y pide todo lo que se te ocurra. Ejemplo: Estoy abierto a recibir todos los recursos que necesito para crear mi elevado propósito.

Práctica diaria de la alegría

Puedes recibir mucho más de lo que has pedido. Pedir cualidades espirituales y evolución espiritual te elevará más y hará que sea más fácil tener todo lo demás que has estado deseando en tu vida. Puedes pedir más luz, alegría, paz, claridad, amor, sabiduría, visión, y encontrar y seguir tu camino más elevado.

Tómate un momento para pedir a tu alma la cualidad espiritual que más te gustaría experimentar. Establece tu intención de recibir esto desde tu ser más íntimo ahora mismo. Has de saber que tu alma siempre responde, y te dará lo que pidas que sea para tu elevado bien. Imagínate a ti mismo demostrando esta cualidad a lo largo del día, e imagina cómo tu día será diferente a medida que lo hagas.

Tómate un tiempo al final del día para reflexionar sobre tu jornada. ¿Has experimentado y demostrado esta cualidad, aunque sólo sea una vez o durante un momento? Reconoce cada momento en el que esta cualidad ha aparecido en tu mente y cada vez que hayas podido experimentarla. Incluso si sólo te acordaste de esta cualidad durante un breve momento, date crédito por haber recibido lo que pediste. Puedes pedirle a tu yo más íntimo que aumente tu capacidad de demostrar esta cualidad aún más en los próximos días. Asegúrate de reconocer tu capacidad de recibir cada vez que experimentes esta cualidad.

Ábrete a recibir todo lo bueno que el Universo te trae en cada momento. Puede venir en forma de claridad, esperanza, inspiración o de mil maneras más. Afirma que confías en que el Universo siempre está trabajando para ti y contigo, aunque no lo parezca. Agradece y aprecia al Universo por todo el bien que te llega hoy y en cada día de tu vida.

AFIRMACIONES

Me abro a recibir más amor, alegría y abundancia.

Me abro a recibir y expresar mayor claridad, sabiduría y comprensión.

Pido y experimento un aumento de mi visión espiritual.

Pido y recibo ayuda para encontrar y seguir mi camino más elevado.

Me abro a recibir los regalos de conciencia que mi alma tiene
para mí.

Me abro a recibir el amor y a reconocer el amor en todas sus formas.

Reconozco a menudo lo mucho que recibo del Universo.

Me abro a recibir lo que pido en su forma más alta y mejor.

Me abro a recibir lo que quiero en el momento que sea mejor
para mi elevado bien.

Pido y recibo mi elevado bien en cada área de mi vida.

Libero todos los obstáculos para recibir mi elevado bien.

Recibo todos los regalos que el Universo tiene para mí.

Aprecio y reconozco todo lo que tengo. Vivo una vida abundante.

Merezco amor y me abro a recibirlo.

Merezco alegría y me abro a recibirla.

Merezco la mejor vida posible y la tengo.

Estoy creando el cielo en la Tierra.

CAPÍTULO X

El agradecimiento, la gratitud y la ley del Incremento

Si quieres salir de un mal espacio, si estás drenado o agotado, si has estado cerca de alguien que te ha molestado, entonces puedes cambiar rápidamente tu energía mirando las cosas buenas que tienes y dándote las gracias a ti mismo y al Universo. Ésta es una forma efectiva de purificar tu aura y elevar tu vibración. Si te levantaras cada mañana y dedicaras dos minutos a dar las gracias, tendrías un día mucho más elevado.

¿Cuál es el objetivo de la gratitud? No es sólo algo que tienes que hacer porque tus padres te hayan dicho que tienes que dar las gracias y ser educado. Has oído hablar de personas que dan las gracias después de pasar por una prueba. Hay una razón superior para la gratitud y el agradecimiento. La gratitud envía literalmente una llamada al Universo para que te dé más.

Todo lo que aprecies
y agradezcas
aumentará en tu vida.

¿Te has dado cuenta de lo mucho que te gusta estar con gente que te da las gracias, que te aprecia y te reconoce? Cuando les das un consejo, dicen: «Gracias, eso ayuda mucho». Cuando les ofreces algo, ellos lo cogen y lo aman. ¿Te has dado cuenta de que quieres darles más?

Ocurre lo mismo, a nivel energético, con el Universo. Siempre que te pares a agradecer al Universo la abundancia que tienes, el Universo te dará más. Cada vez que das las gracias, aumentas la luz en tu aura en ese mismo momento. La cambias a través de tu corazón, porque el sentimiento de gratitud viene del corazón. Al dar las gracias, abres tu corazón. Tu corazón es la puerta de tu alma; es el vínculo entre el mundo de la forma y el mundo de la esencia. La gratitud y el agradecimiento son un camino directo al corazón, a tu esencia y a tu alma.

Puedes purificar tu aura y elevar tu vibración dando las gracias. La resonancia de la gratitud en tu cuerpo vibra con tu centro cardíaco. Te permite abrirte para recibir más. Abre tu corazón y sana el cuerpo físico con su resplandor de amor.

Establece una vibración más elevada y sutil, y es tu vibración la que te hace magnético al amor y a todas las cosas buenas. Cuando das las gracias, el Universo establece una nota o un sonido que te trae aún más de lo mismo.

Hay varios métodos para expresar el agradecimiento: mental, verbal y escrito. Lo más importante es un sentimiento de gratitud emocional. No importa cómo des las gracias; si lo haces sin prestar atención y sin atención y sin sentirlo en el corazón, entonces no es tan eficaz como cuando se es plenamente consciente y proviene de la verdadera gratitud. Cuando piensas en «gracias», tiene un efecto en tu cuerpo, pero es aún más poderoso decirlo en voz alta. ¿Has estado rodeado de personas que constantemente te daban las gracias? No me refiero a los que lo hacen por costumbre o porque siempre se disculpan o quieren tu favor. Me refiero a las personas que realmente te reconocen y aprecian cuando estás con ellos. Estas personas están aumentando lo que recibirán de otras personas y del mundo.

El proceso de escribir las ideas y decirlas en voz alta las pone en el mundo de una forma más rápida que si sólo las pensamos. Si deseas algo, escríbelo o dilo en voz alta, porque los procesos de habla y escritura están un paso más cerca de tener algo que el proceso de pensar. Las manos y la garganta son dos centros de manifestación. Las ideas en tu mente, cuando se expresan a otros, se convierten en parte del mundo de la forma. Cuando se escriben en papel, están aún más cerca de ser creadas. No hay problema en expresar las gracias en tu mente. Eso también te hará evolucionar, pero es aún más poderoso decirlo en voz alta al Universo y a los demás.

Para crear algo nuevo, o para seguir
recibiendo más de algo que ya tienes,
coge papel y bolígrafos
y escribe un agradecimiento al Universo.

Por la noche, haz una lista de todo lo que has recibido durante el día. Puede ser algo que hayas comprado, una sonrisa de un desconocido, un buen sentimiento o energía extra, un coche que te ha llevado a donde querías ir, o dinero. Te sorprenderás de todos los regalos que el Universo te envía cada día. A través de lo que recibes, creas una conexión con el Universo que te permitirá tener aún más.

Quizás quieras escribir o llamar a alguien que te haya ayudado y expresarle tu agradecimiento. Cuanto más expreses externamente tu gratitud y agradecimiento por lo que tienes, más cambias tu vibración molecular alejándola de la energía densa y pasa a niveles más sutiles. Puedes notar que las almas altamente evolucionadas y los grandes maestros pasan gran parte de su tiempo apreciando y agradeciendo al Universo. En su meditación sienten verdadera humildad y gratitud por todo lo que se les da. ¿Cuál es el efecto de la gratitud en los distintos cuerpos? El cuerpo físico sufre literalmente un cambio cuando eres agradecido.

Cuando reconoces tu bien, por ejemplo, envías un mensaje a las células de tu cuerpo. Ellas responden, porque cada una de tus células tiene el holograma de todo tu ser. Cada célula tiene su propia conciencia. (No es que piensen de la misma manera que tú). Estáis compuestos por muchas células diferentes que funcionan a un nivel de conciencia que no es el mismo que la conciencia general a la que llamas «yo». A ellas también les gusta que las aprecies. Si quieres curar un problema en tu cuerpo, en lugar de recordar los tiempos en que no estabas sano, o de preocuparte por futuros dolores o problemas, agradece a tu cuerpo todas las cosas maravillosas que está haciendo bien. Si le envías gratitud con frecuencia, descubrirás que hace aún más por ti. Las células entienden definitivamente el sentimiento de gratitud y tratarán de trabajar para ti con más ahínco.

Expresa tu agradecimiento por lo bien que se mueve tu cuerpo, actúa y te lleva de un lado a otro. Aprecia cómo convierte tu comida en energía y lo bien que te sirve. En cambio, si miras tu cuerpo y lo haces maldiciendo: «No me gustan mis muslos, mi estómago», etc. Si te quejas de él, descubrirás que no responde tan bien. Piensa que tu cuerpo contiene millones de pequeñas entidades –células– que tienen sentimientos. En el momento en que te decides a apreciarlas, cambias tu vibración física. Las células se ponen inmediatamente a trabajar para aumentar tu energía. Cuando tienes un pensamiento negativo, de ingratitud, entonces tu energía cae.

La gratitud es sanadora para las emociones.

La gratitud vincula el cuerpo emocional con el corazón y, por tanto, con el alma, a la que se llega a través del corazón. El cuerpo emocional es un flujo inquieto que vibra constantemente a su alrededor. Cuando das las gracias y aprecias tu vida, reconociendo a las personas, los acontecimientos y las fuerzas elevadas, el patrón de energía que representa tu cuerpo emocional comienza a reorganizarse en una vibración más elevada y sutil. Tus emociones son la parte más magnética de ti cuando se trata de atraer eventos, personas y objetos. Cuanto más tranquilo y desapegado estés, más fácil es tener lo que quieres. Tienes que dirigir tu voluntad e intención hacia este objetivo. Cuanto más tranquilo y sereno estés, más fácilmente podrás concentrarte en tu ser elevado y más podrás conseguir.

Cuando experimentas emocionalmente un sentimiento de profunda gratitud, es calmante y eficaz para elevar la vibración de tu cuerpo emocional. El corazón está más afectado y es más fácilmente alcanzado por la gratitud. Si quieres vincularte con otra persona en tu corazón, agradécele. Al enviar tu agradecimiento telepático, automáticamente detendrás las luchas de poder. Cuando veas a tus amigos esta semana, nota y reconoce algo bueno de ellos. Asegúrate de que sea sincero y no algo que tengas que inventarte. Si puedes encontrar algo que decirles que exprese gratitud por lo que son, moverás inmediatamente lo que son y al momento elevarás el nivel de contacto hacia el corazón.

Dar las gracias y el reconocimiento
abre muchas puertas a los niveles
más elevados del Universo.

El agradecimiento es una puerta al corazón. Abre tu corazón y te permite que experimentes más amor en tu vida. Hoy y en los días siguientes cuando te acuerdes de hacerlo, aprecia a cada persona con la que estés en contacto o en la que pienses. Si se trata de tu amigo o de un ser querido, de un desconocido o de un compañero de trabajo, procura enviarle gratitud y agradecimiento. Aprecia algo de esa persona desde tu corazón.

La gratitud te hace salir de la cabeza y del juicio. Muchos de vosotros estáis envueltos en vuestros pensamientos, y cuando dais las gracias, salís de ese lugar mental de lo correcto y lo incorrecto, de lo bueno y de lo malo, y os coloca en vuestro interior. Cuando salís de vuestro nivel mental, aunque sea por poco tiempo, es posible que el Universo trabaje más directamente con vosotros. A menudo el nivel de actividad mental de muchos de vosotros crea tanta confusión que os resulta más difícil conseguir lo que queréis.

Cuando el aprecio se siente en el cuerpo mental (la parte de ti que piensa todo el rato), silencia literalmente tu lado dubitativo, de preocupación o escéptico. Os reúne a todos bajo un nuevo estandarte y puede ser una puerta a un nuevo nivel de energía. Siempre que te encuentres molesto o preocupado, experimentando algo que no se siente curativo, detente y da las gracias por las cosas buenas que tienes.

Un sentimiento de gratitud te permite acceder a tu mente abstracta, que es la parte de ti que une el cerebro derecho y el izquierdo, el lado masculino y el femenino. La mente abstracta no sólo trabaja con el lado izquierdo del cerebro, que se ocupa de números, cifras y lógica, sino que también trabaja con el lado derecho del cerebro, que se ocupa de la creatividad, la intuición y los sentimientos.

Sintetiza estas dos partes. La unión se produce cuando eres capaz de conceptualizar marcos de creencias y realidades que están fuera de tu forma normal de pensar. Esto se siente como luz que llega en forma de una nueva solución a un viejo problema, como una inspiración o una revelación.

La mente abstracta es capaz de ver el panorama general de tu vida. Esta parte de ti tiene muchas formas nuevas de pensar; existe más allá del marco normal en el que vives. La mente abstracta no piensa en los términos a los que estás acostumbrado. Es el nivel de genio que existe dentro de todos vosotros. Es la forma más elevada de pensar que tienes, y si utilizas este tipo de pensamiento a menudo, te ayudará mucho a evolucionar.

Puedes elegir pensar en una forma elevada más a menudo.

Dar las gracias te llevará directamente a tu corazón y a tu mente abstracta. Al dar las gracias, llevas la luz a tu centro coronario en la parte superior de tu cabeza, a través de la puerta de tu corazón. Debido al aumento de la luz y la nueva apertura del corazón, tu ser más íntimo y el Universo pueden enviarte muchas ideas y regalos. Estos regalos pueden desplegarse en una semana, o en un mes, pero tú has creado una apertura para que te lleguen muchas cosas buenas. Imagina que el agradecimiento te permite alcanzar y cambiar tu vibración para acceder a los niveles elevados de sabiduría que están disponibles en el Universo. El Universo definitivamente escucha y aprecia tus agradecimientos, y a su vez te enviará energía de vuelta.

Todos vosotros tenéis deseos, y los deseos conforman lo que yo llamo vuestro «cuerpo de deseos». Hay cosas que queréis tener en vuestra vida. Si te preguntara qué deseas, qué es lo que más te importa tener en este momento, podrías contestarme si te paras a pensar en ello. Cuando das las gracias, afectas a tu cuerpo de deseos. El cuerpo de deseos es bastante inquieto, como el cuerpo emocional. Siempre se centra en que no tiene y en lo que quiere crear. Tiene un propósito, ya que te aporta nuevas formas, motivación y energía creativa. Sin embargo, puede aportarte una sensación de energía desbocada, que te recuerda todas las cosas que tienes que hacer y crear.

Tus deseos pueden parecer abrumadores si tienes demasiados que no se han cumplido. Dar las gracias afecta directamente a los deseos al permitirles calmarse y ver lo mucho que han creado. Piensa en ello como si tuvieras una parte de ti compuesta por aquellas cosas que has estado deseando. Cuando das las gracias, das poder a esta parte. Esta parte de ti no suele centrarse en lo que has generado, sino que quiere decirte lo mucho que podrías hacer, lo mucho que podrías trabajar, y así sucesivamente. Siempre tiene listas de cosas que debes hacer, y necesita que la tranquilices, que le hables y la calmes. Sentir aprecio por lo que has hecho te ayudará a conseguirlo, y fortalecerá esta parte en su capacidad de crear más.

Otro cuerpo es el de la voluntad personal. Todos vosotros tenéis diferentes imágenes de esta voluntad. Algunos de vosotros la llamáis «fuerza de voluntad».

La voluntad es la capacidad
de dirigir tu energía
hacia donde quieres que vaya.

Muchos de vosotros queréis ir a los niveles más elevados, más sutiles de energía, donde
hay más paz, alegría, satisfacción y desapego. La Voluntad Elevada es como una corriente o río de energía que se mueve a través de ti todo el tiempo. Cuando das las gracias, fortaleces tu Voluntad superior. No la fuerza de voluntad, sino la voluntad que está vinculada con el corazón, la Voluntad que se dirige a hacer lo que amas. Cuanto más te aprecies y reconozcas todo lo que hay en tu vida, más vinculas tu corazón con la Voluntad elevada. Esto te permite crear aquellas cosas que tu corazón ha estado deseando.

Hoja de actividades

1. ¿Qué cosas valoras tener en tu vida en este momento?

2. ¿A qué personas aprecias?

3. ¿Qué cosas buenas de ti mismo –tu cuerpo, tu mente, etc.– aprecias?

4. Expresa ahora tu agradecimiento. Llama a alguien por teléfono o escríbele y exprésale tu aprecio por él o ella.

Práctica diaria de la alegría

Tómate un momento para sentir el amor en tu corazón y reconocer que eres una persona adorable. Agradécete ahora mismo por toda la bondad, la amabilidad, las buenas intenciones y el amor que ofreces al mundo y a todos los que te rodean. Perdónate por los momentos en que no fuiste tan elevado y amoroso como te gustaría ser. Pide a tu alma que aumente tu capacidad de apreciar todo lo que eres y todo lo que tienes para que puedas centrarte en lo que funciona bien en tu vida en lugar de en lo que parece que necesita mejorar.

Piensa en el día que tienes por delante e imagina cómo sería si reconocieras todo lo que aprecias de tu vida. ¿Cómo te sentirías si expresas tu gratitud al Universo por todo lo que tienes? ¿Cómo sería tu relación con otras personas si te tomaras el tiempo para apreciarlas hoy, ya sea a través de tus pensamientos y sentimientos, o a través de acciones externas?

Imagínate a ti mismo durante el día expresando buena voluntad, amabilidad y agradecimiento a todas las personas y situaciones de tu vida. Imagínate apreciando toda la abundancia que tienes y reconociendo todo lo que funciona bien. Imagínate a ti mismo expresando gratitud a menudo a lo largo del día, tanto la gratitud al Universo como la gratitud a otras personas por todo lo que se te ocurra. A medida que envíes tu aprecio y gratitud, el Universo y otras personas te enviarán energía de vuelta, aunque no estés enviando gratitud con este propósito. Has de saber que todo aquello en lo que te concentres aumentará.

AFIRMACIONES

Me concentro en lo que funciona en mi vida. Al hacerlo, atraigo a mi vida aún más cosas buenas.

Ofrezco agradecimiento a todas las personas que conozco.

Estoy agradecido por la maravillosa vida que tengo.

Estoy agradecido por _____. (Termina la frase).

Veo y reconozco la bondad de los demás.

Agradezco al Universo toda la abundancia que tengo.

Agradezco todo el amor que tengo en mi vida.

Doy las gracias a menudo.

Aprecio a mi familia y a mis amigos.

Aprecio y apoyo a las personas por lo que son.

Todos me aprecian y apoyan por lo que soy.

Encuentro nuevas cosas por las que estar agradecido cada día.

Libero mi pasado apreciando que todo lo que hice me llevó a donde estoy ahora.

Acepto mi elevado bien en todos los ámbitos de mi vida.

Me concentro en lo que es bueno y amoroso en otras personas,
contribuyendo así a su capacidad de experimentarse a sí mismas
de una manera más positiva.

Ofrezco conscientemente luz a todas las personas con las que estoy.
Digo palabras positivas y edificantes.

Amo mi cuerpo. Le doy las gracias por todas las cosas buenas que
hace por mí.

CAPÍTULO XI

Sintiendo la paz interior

¿Qué es la paz interior? Todos vosotros tenéis una imagen en vuestra mente de lo que pensáis que es la paz interior. Habéis alcanzado este estado muchas veces, en ocasiones durante momentos, incluso durante horas, y por eso sabéis cómo se siente la paz interior. Parte del crecimiento es aprender a crear esa sensación sin depender de que las cosas salgan de una manera determinada o de necesitar que la gente responda de una manera específica. Quieres crear paz interior como algo que eres y ser capaz de compartirla con los demás. Te conviertes en el centro, irradiando la luz de tu alma hacia el exterior, en lugar de reaccionar o esperar a que las situaciones, las relaciones y los acontecimientos de tu vida se organicen de tal manera que tengas paz.

Crear paz interior desde los niveles más elevados es aprender a abrir tu corazón. Significa que no estás enfocado o apegado a nivel emocional a cosas que suceden en el mundo que te rodea. Sabes quién eres, y dejas que las cosas fluyan a tu alrededor sin tocar o afectar tu sentido de paz. Puedes aprender a tocar y afectar la energía del mundo exterior desde ese centro de energía dentro de ti. Eso es la paz.

Abrir el corazón significa permanecer abierto y amar sin importar lo que haga otra persona, sin importar lo que te ocurra, o lo que ocurra en tu carrera. Significa elegir sentirse en paz sin importar cómo sea tu vida exterior. Es fácil ser amoroso y abierto cuando los que te rodean son amorosos; el reto es ser amoroso cuando los que te rodean son cerrados, temerosos o negativos.

La paz interior viene de dentro,
no del exterior.

Cualquier cosa a la que estés apegado o desees de cierta manera, cualquier creencia o concepto que sea inflexible, será un área en la que tu paz interior puede verse afectada. El objetivo es tomar esa sensación de paz interior y afectar todo en el mundo exterior, tocándolo con esa energía. El primer paso es encontrar esa sensación de paz interior.

Una de las formas más sencillas es relajando el cuerpo, lo que puedes hacer tanto con el contacto físico como con la relajación mental. Tu cuerpo puede ser el receptáculo de muchos pensamientos que no son pacíficos. Si puedes llevar a tu cuerpo a un estado de paz y descanso, la mente puede aprender a crearla. La paz es algo más que una sensación de relajación en el cuerpo. Es una onda de radio muy específica, una vibración que envías y que afecta a todo en tu mundo exterior.

Puedes empezar a experimentar varios niveles de paz interior, hasta los sentimientos más profundos de la misma. Empieza por encontrar una sensación de paz interior. Date una oportunidad en la próxima semana para sentir la paz interior. Puede que quieras crear un lugar de belleza, una sensación de intemporalidad, tocar música... cualquier cosa que te ayude a experimentar realmente lo que significa la paz para ti. Desde ese espacio, desde ese conocimiento, puedes empezar a cambiar todo lo que ves en el mundo exterior.

¿Qué valor tiene la paz interior? Ciertamente, el cuerpo emocional se siente mejor. Sin embargo, es más que eso: es la capacidad de influir en el mundo exterior desde tu nivel más alto, para crear y manifestar desde un lugar enfocado de propósito y sentido interno de quién eres. Cuando estás tranquilo y calmado, cuando te ralentizas y te sientes relajado, eres capaz de crear y pensar en tus niveles más elevados. Lo que traes a la Tierra y creas desde este espacio es tu bien elevado.

Puedes crear cosas cuando te sientas tenso, ansioso o temeroso, pero esas cosas pueden no ser para tu mayor bien; de hecho, probablemente no lo serán. Si antes de planificar tu vida o pensar en nuevas ideas encuentras una sensación de paz interior y actúas desde ella, descubrirás que tus planes reflejan más el propósito de tu alma que los deseos de tu personalidad. Si antes de actuar o hablar traes este sentido de paz, encontrarás que tu mundo cambia rápidamente y pasa a ser un lugar muy diferente.

*La paz interior es una conexión
con tu ser más profundo,
y te ayudará
a soltar el miedo.*

El miedo es una energía inferior, una vibración de menos luz, y puedes cambiarlo con el amor. Uno de los objetivos de tener paz interior es sanar el miedo. Puede ser un miedo a que alguien te haga daño o te rechace, te abandone o huya de ti. Puede ser un miedo a que no seas capaz de triunfar en el mundo, un miedo a exponerte y fracasar.

La paz interior es una conexión con el corazón y la voluntad de dejar ir al miedo. La paz interior se consigue dejando de sentir que tienes que defenderte y estando dispuesto a ser vulnerable. No se trata de hacer lo que quieren los demás; es estar dispuesto a brillar como tú eres y saber que estás bien.

Tener paz interior significa comprometerse a dejar de lado la autocrítica y la *autoduda*. Todo lo que los demás te dicen sobre ti es un reflejo de una voz interior. Si la gente te critica, pregúntate primero si hay una parte de ti que se critica a sí misma. A medida que vayas soltando la autocrítica, experimentarás menos críticas por parte de los demás. Recuerda también que lo que la gente te dice es un reflejo de quiénes son, de cómo perciben el mundo y de cómo se hablan a sí mismos. Puede que te critiquen porque se critican a sí mismos. Considera sus acciones y palabras como una declaración de sus creencias y aprende a mantener la calma y a centrarte.

La paz interior sana. No necesitas centrarte en tus miedos para dejarlos ir. Al alcanzar un sentimiento de paz interior, manteniendo cualquier situación de tu vida a la luz, encontrarás que tu mente se abre a nuevas ideas, soluciones y respuestas que provienen de tu alma. La paz interior es la conexión con tu ser espiritual. La consigues mediante la relajación física del cuerpo, la calma emocional y la concentración mental en ideales y cualidades más elevados. Si deseas ir hacia arriba, experimentar y vivir en los niveles más elevados de energía, la paz interior es la puerta de entrada.

Una vez que decidas crear paz interior, puede que te encuentres con muchas cosas que desafían tu decisión de permanecer en paz. Tal vez digas: «Puedo permanecer en paz excepto si sucede esto o aquello». El Universo te está enviando esas excepciones como una oportunidad para crear una nueva respuesta de paz en lugar de estar molesto.

¿Cómo se manifiesta la paz interior y se mantiene de forma constante? Comienza reconociendo los momentos en que tienes paz interior, sintonizando tu conciencia con el sentimiento, y teniendo la voluntad y la intención de crearla. Puedes usar tu imaginación para pensar en cómo se sentiría. Puedes pensar o contemplar la paz interior, porque dondequiera que coloques los pensamientos, se empieza a crear la experiencia.

Puedes decidir
dejar de ser afectado
por el mundo exterior y, en cambio,
afectar al mundo que te rodea
con tu paz.

No importa lo que ocurra cada día, si llegan facturas inesperadas al correo o alguien cambia de opinión, no importa lo que en el pasado haya destruido tu calma emocional, tu paz mental o tu bienestar físico, decide que ahora irradiarás paz, curación y amor. El mundo que ves a tu alrededor no es más que una ilusión creada por la energía que estás enviando. Todo es posible. Los límites que ves –la parte de ti que dice: «Esto no se puede hacer»– son sólo pensamientos. Puedes cambiarlos. Desde una posición de paz interior, puedes crear el reflejo de la luz de tu alma en el mundo exterior.

Manifestar la paz interior significa actuar en lugar de reaccionar. Es una actitud; es la energía que envías al mundo. Significa que puedes conectar con el Universo en los niveles más elevados de tu alma. Imagina que hay muchas corrientes de energía a tu alrededor y que puedes elegir operar en la que desees. Puedes elegir una llamada *lucha*, que implica una gran cantidad de trabajo para conseguir lo que quieres.

También puedes elegir otra corriente de energía llamada *alegría*. Cuando estás ansioso, tenso y preocupado, estás en la primera corriente. Si por un momento encuentras la paz interior, te unes automáticamente a la segunda corriente de energía más elevada, la de la alegría.

Hay muchas personas vivas en este momento que están creando y experimentando flujos de energía de creatividad, paz y luz. Cada vez que alcanzas la paz interior, te vinculas con todos esos seres que están viviendo y creando este elevado flujo de energía. Las ideas pueden empezar a venir a ti. Puedes atraer cualquier cosa que necesites desde esta posición de paz.

Para tener paz interior, hay que estar dispuesto a abrir el corazón. Cuando sucede algo que normalmente te haría sentir a la defensiva o cerrado, cuando normalmente te alejarías o elegirías sentirte herido, tienes otra opción. Si, en cambio, estás dispuesto a abrir tu corazón sólo un poquito más para experimentar un poco más de compasión y comprensión hacia otras personas, te encontrarás capaz de enviarles amor y crear un sentimiento de paz para ti.

Puedes elegir ver el mundo de la manera que quieras.

Puedes decir: «Sí, pero mi vida es así. Éstos son los hechos. Si esta situación cambiara, o tuviera más dinero, o esta persona dejara de irritarme, podría descubrir la paz interior». Lo que experimentas como real es simplemente un reflejo de tu sistema de creencias y de tu mente. Si decides experimentar la paz interior, puedes cambiar todo lo que ahora experimentas como real, trayendo nuevas ideas y creencias que podrían funcionar de formas más elevadas y mejores.

El perdón es necesario para la paz interior. Si hay personas de tu pasado a las que guardas rencor, o hacia las que sientes negatividad, en unos minutos puedes perdonarlos y dejarlos ir. Si alguien no te ha devuelto la llamada o la carta, o si te debe algo o te ha hecho mucho daño, limpiarás tu propia energía si perdonas, dejas ir y te separas de él. La paz interior significa soltar los apegos a cualquier cosa, ya sea a que una persona actúe como tú quieres o a que el mundo funcione como tú esperas. Cuando sueltes esos apegos, descubrirás que tu vida funciona mejor de lo que podrías haber esperado o planeado. Esto no significa renunciar al control de tu vida; significa partir de tu propio centro de paz en todo momento.

La paz interior también significa perdonarse a sí mismo. Recuerda amarte a ti mismo, sabiendo que eres una buena persona, que siempre haces lo mejor que sabes y lo que eres capaz de hacer en cada momento. Cuando puedes perdonarte a ti mismo, es más fácil perdonar a los demás, sabiendo que ellos también están haciendo lo mejor que saben y lo que son capaces de hacer en este momento.

Ahora mismo, toma la decisión de traer la paz interior a tu vida. Toma la decisión de abrir aún más tu corazón, de ser más compasivo, más comprensivo, más amoroso y más indulgente con todos los que conoces, incluido tú mismo. Forma una imagen en tu mente de ti mismo pasando por la próxima semana, y mírate a ti mismo desde un nivel de paz completamente nuevo. Mira la sonrisa en tu rostro, la paz en tu mente y la alegría en tu corazón.

Toma una cosa en tu vida sobre la que te gustaría sentir paz, algo a lo que has estado reaccionando, e imagina liberar, perdonar y dejar ir, encontrando así la paz interior con este asunto. Sólo tú puedes crear la paz interior. Desde ese espacio, verás el mundo que experimentas reflejándolo. Otras personas, eventos y situaciones no necesitan desencadenar una reacción en ti. Si, por el contrario, mantienes este centro de paz, cambiarás aquellos acontecimientos que solían perturbarte y disgustarte. Si no cambian,

ya no se inmiscuirán en tu sensación de bienestar. Puedes encontrar tu centro, tu luz del alma y tu ser interior reflejados y llevados a cabo en el mundo que experimentas.

HOJA DE ACTIVIDADES

Relaja tu cuerpo. Respira profundamente tres veces y deja que desaparezca toda la tensión.

1. Recuerda tres veces que hayas sentido paz interior. Experimenta realmente esa sensación de paz.

2. ¿Qué cosas te quitan la sensación de paz? Para cada una de ellas, termina esta frase: Puedo estar tranquilo excepto cuando _____. (Por ejemplo, «excepto cuando alguien a mi alrededor está de mal humor»).

3. Dite a ti mismo: «La parte de mí que no se siente en paz es sólo una pequeña parte, y ahora me identifico y conecto con mi fuerte yo interior. Este lado fuerte pone ahora más luz en esa pequeña parte temerosa».

4. Ahora toma cada afirmación anterior y conviértela en una afirmación positiva. Por ejemplo: «Mi parte fuerte interior siente paz incluso cuando alguien a mi alrededor está de mal humor». Mientras lo haces, permítete sentir la fuerza de tu ser sabio y seguro, y luego libera, perdona y deja ir a cada situación que sea una distracción para tu paz interior.

PRÁCTICA DIARIA DE LA ALEGRÍA

Mientras piensas en el día que tienes por delante, conecta con tu alma y pide sentir más de la paz profunda y duradera de tu ser más íntimo. Guarda silencio por un momento, relaja tu cuerpo y afirma que estás abierto a experimentar más paz interior ahora mismo y a lo largo del día.

Permite que la paz de tu ser más íntimo impregne tu mente, permitiéndote tener una mente más tranquila y pensamientos más pacíficos. Siente esta paz profunda calmando tus emociones. Permite que esta paz fluya en tu cuerpo, permitiendo que tus músculos se relajen y se sientan más tranquilos. Observa que ahora te sientes más tranquilo, centrado y equilibrado. Observa cómo tus pensamientos pacíficos, tus emociones tranquilas y el cuerpo relajado aumentan la sensación de que todo está bien en el mundo.

Deja que alguien, o varias personas, vengan a tu mente mientras estás en este estado de paz. Irradia la paz que sientes a quien te venga a la mente en este momento. Siente lo que se siente al irradiar paz a los demás.

Imagínate a ti mismo pasando el día en este estado de paz, centrado y equilibrado. Piensa en las personas con las que estarás hoy. Imagínate a ti mismo sintiéndote en paz con todos, ofreciendo tu paz a los demás de esta manera. Observa cómo te sientes con la gente y cómo responden cuando te encuentras en este estado. Dite a ti mismo: «Elijo la paz. Ofrezco mi paz al mundo y toda la vida en él».

Afirmaciones

Mis pensamientos son pacíficos.

Mis emociones están en calma y fluyen.

Mi cuerpo está relajado.

Me siento equilibrado y centrado.

Permanezco en mi centro de calma y paz sin importar lo que ocurra a mi alrededor.

Creo desde un estado interior pacífico que me aporta mi mayor bien.

Hablo a los demás desde un lugar de paz interior.

Mi paz interior me conecta con mi alma, mi ser más íntimo.

Mi paz interior abre la puerta a una energía más elevada.

Mi paz interior me trae respuestas, ideas y soluciones.

Permanezco en mi centro, irradiando paz y amor.

Mi paz interior crea una realidad nueva y elevada para mí.

Experimento la paz interior perdonando y dejando ir.

Vengo de mi centro de paz en todo momento.

Reconozco las muchas veces que he elegido la paz en el pasado.

Soy una persona pacífica.

Mantengo mi paz interior con otras personas.

Me uno a un flujo de energía más elevado cuando elijo la paz interior.

Mi paz me permite afectar al mundo que me rodea desde mi nivel más elevado.

Afecto positivamente con mi paz a todos los que me rodean.
Soy pacífico. Elijo la paz.

CAPÍTULO XII

Lograr el equilibrio, la estabilidad y la seguridad

Puedes crear estabilidad tranquilizándote y tomándote unos momentos para pensar antes de actuar. La acción continua sin pausa es apropiada para algunas de las tareas que tienes que hacer e inapropiada si se hace todo el tiempo.

A lo largo del día, muchos de vosotros estáis en continuo movimiento, pasando de una cosa a otra según se os ocurra o llame vuestra atención. Si quieres sentirte estable y equilibrado, detente a menudo a lo largo del día y céntrate en lo que estás haciendo. Cambia de perspectiva. Siéntate en silencio y experimenta a tu persona y tus pensamientos desde un nivel de conciencia más tranquilo. Esto implica llevar tus emociones a un estado de paz y tranquilidad. Cuando cambias de posición y te sientas poniendo las manos a los lados, tu respiración cambia. Cuando no hay más movimiento en tu cuerpo que el de tus pensamientos, puedes pensar de otra manera.

Es posible que experimentes una mayor conexión con tu ser elevado en este momento.

Al hacer una pausa en tus actividades diarias, descansando tu cuerpo, aquietando tu mente y calmando tus emociones, descubrirás muchas nuevas formas de ver lo que está sucediendo en tu vida. Cuando estás continuamente en movimiento, piensas de forma diferente a cuando te sientas y te tranquilizas. Al aquietar tu cuerpo físico, permites que tu espíritu entre en tus pensamientos, especialmente cuando te vuelves pacífico y sereno.

Puedes lograr el equilibrio y la estabilidad consultando a tu yo elevado antes de actuar, especialmente en asuntos importantes. Eso significa darse la oportunidad de ver las cosas desde muchos ángulos diferentes antes de actuar. Significa permitirse tomarse el tiempo necesario para hacer un buen trabajo.

Puedes evitar muchas cosas que te desequilibran dándote tiempo suficiente para pensar antes de actuar. Hay un dicho que dice: «Mira antes de saltar». No es necesario que te detengas antes de cada acción que hagas, pero puedes hacer tu vida mucho más fácil y más alegre si te detienes a pensar en algo importante antes de emprender una acción o antes de hablar con alguien sobre un asunto importante. Puede ser la compra de un coche nuevo o la firma de un contrato. Todos los cambios pueden traer el equilibrio y la paz si se consideran con detenimiento.

Si estás en continuo movimiento, puedes acabar tomando decisiones y acciones que te lleven a la crisis y a los problemas.

Si tienes que tomar una decisión sobre algo que consideras importante, no te precipites. Cuando te das tiempo para pensar en ello, vives muchos futuros probables en tu mente, y empiezas a ver las consecuencias de ciertas acciones. Uno de los regalos de tu mundo es que es un lugar de acción y reacción. Cada vez que realizas una acción, creas ondas en movimiento, como las ondas de un estanque cuando tiras una piedra. Cada acción afecta a futuros probables y provoca cambios en tu trayectoria vital. Cuanto más puedas anticipar qué cosas pueden verse afectadas por tus acciones y actuar desde esa perspectiva de mayor sabiduría, más alegría y equilibrio crearás en tu futuro.

Tu actitud determina cómo experimentas el mundo.

Tu actitud es la forma en que reaccionas a las cosas que suceden en tu vida. Una actitud que crea alegría es aquella en la que interpretas lo que te ocurre a través del filtro de la alegría. Tu actitud y perspectiva actúan como un filtro. Cuando tienes una perspectiva positiva y optimista, las perspectivas negativas y más densas se filtran y esto te conduce a la alegría.

Tu actitud se refleja en las palabras que utilizas cuando te hablas a ti mismo. Quizás acabas de conseguir un objetivo que querías alcanzar. Una actitud alegre dice: «Enhorabuena, trabajo bien hecho». Si tu yo alegre dice palabras de elogio, te ayuda a atraer más de lo mismo hacia ti. Las actitudes son magnéticas, y cada momento que pasas en alegría magnetiza otro momento de alegría. Las emociones alegres y ligeras son siempre más poderosas en su capacidad de crear que las emociones negativas.

La estabilidad proviene de una actitud de equilibrio. Cuando te ocurren cosas, tu respuesta a ellas crea tu equilibrio interior. Si un amigo tiene problemas y tú respondes enfadado o triste, te has alejado de tu propio centro y has permitido que la energía de tu amigo te afecte.

A medida que crees más equilibrio y estabilidad en tu vida, serás capaz de observar cuándo has dejado que los problemas de los demás te afecten. Es más, cuando esos problemas no tienen ningún impacto en tu vida, no te afectan directamente, y sin embargo te sientes deprimido o molesto. Observa aquellas situaciones en las que tu equilibrio se ve perturbado por la falta de equilibrio de otra persona. El siguiente paso es decirte a ti mismo que puedes mantener tu equilibrio, que no dependes de que los demás actúen o respondan de forma equilibrada para que tú permanezcas centrado y equilibrado.

Muchos de vosotros os permitís responder de forma inestable o insegura cuando alguien a vuestro alrededor actúa de esa manera. Cuando alguien te habla de algo que has hecho mal, o te acusa de algo, en lugar de sentirte enfadado, puedes elegir mantener tu sentido del equilibrio, aunque la otra persona no sea capaz de hacerlo. A medida que su energía entra en ti y que te desequilibra, observa que estás resonando con esa parte desequilibrada de la otra persona. Para dejar de responder de esta manera, envía a esta persona amor. Al hacerlo, reafirmas tu propio equilibrio y conectas con tu yo más elevado.

El equilibrio es encontrar el punto medio entre los opuestos. Siempre estás manteniendo el equilibrio, tanto literalmente en el mecanismo del oído interno como simbólicamente a través del malabarismo de todas las cosas en tu vida. Sea lo que sea lo que imagines que es el equilibrio, lo será.

Creas el equilibrio visualizando al equilibrio
y teniendo claro que esas imágenes de equilibrio
son lo que quieres.

Algunos de vosotros definís el equilibrio como algo aburrido, ya que os encanta que las cosas estén ligeramente desequilibradas, creando dramatismo y emociones intensas. Has visto personas cuyas vidas están en constante alteración, que van de una crisis a otra. Lo que imaginan como equilibrio es un ir y venir entre los extremos.

Para algunos, la idea de equilibrio y estabilidad significa un vacío de emociones, algo que puede parecer aterrador. A medida que alcanzas elevados niveles de conciencia, tus emociones se vuelven tan tranquilas que son como el lago sereno que refleja el sol. Sin embargo, muchas personas temen no tener emociones, y crean cualquier cosa para llamar la atención, antes que no tener ninguna atención en absoluto. A menudo las personas crean disgustos y problemas a su alrededor porque temen que si todo estuviera en calma, nadie les prestaría atención o la vida sería aburrida. Prefieren tener una atención negativa que no tener ninguna atención en absoluto.

Algunos de vosotros dependéis de las emociones intensas para sentiros vivos. Sin embargo, las emociones intensas siempre te alejan de tu centro. Algunos de vosotros, cuando os sentís muy tranquilos, teniendo poca emoción, pensáis que estáis tristes o deprimidos. Cada vez que te quedas en silencio en tu interior, ¿empiezas a pensar que algo va mal? ¿Eres adicto a las emociones fuertes e intensas? ¿Te sientes bien cuando las cosas están en paz y en calma, o empiezas a preocuparte por lo que va a salir mal a continuación? Se necesita paciencia para acostumbrarse a estar en calma. Aunque se podría pensar que es fácil, a la mayoría de las personas les resulta más difícil adaptarse a un entorno tranquilo que a uno perturbador. Si el ambiente es demasiado pacífico, muchos crearán turbulencias porque es a lo que están acostumbrados.

Las personas necesitan cosas diferentes para mantener el equilibrio. Algunas personas necesitan un trabajo estable, algunas necesitan grandes períodos de tiempo libre, y otras necesitan mucha actividad y variedad constante. Entra en tu interior por un momento e imagina un momento de tu vida en el que te sentías estable y equilibrado. Si no puedes pensar en un momento, piensa en un símbolo que represente ese equilibrio que te gustaría tener en tu vida. Ahora imagínate a ti mismo sintiéndote equilibrado en el futuro. Tener un símbolo que represente algo es una forma muy poderosa de atraerlo hacia ti. Los símbolos funcionan a un nivel de conciencia más profundo que las palabras y evitan los sistemas de creencias.

El equilibrio consiste en la moderación, no en los extremos. Mantener el equilibrio en tu vida significa hacer la cantidad adecuada de cada cosa. Algunos de vosotros pensáis que las cosas irían mejor si tuvierais más tiempo libre. Sin embargo, cuando la gente se jubila, se dan cuenta de que hay demasiado tiempo libre. Hay un equilibrio entre el trabajo y el juego, el sueño y la vigilia, el tiempo juntos y el tiempo separados, que creará la mayor paz y alegría para ti. No se crea el equilibrio eliminando los opuestos. El equilibrio consiste en hacer las cosas con moderación, parando cuando la energía se agota y aprovechando las olas a medida que llegan. Significa que hay que ir a un ritmo constante y uniforme.

Algunos de vosotros seguís adelante mucho después de que la energía para hacer algo se haya ido. Haced las cosas que os aportan vitalidad. Hay una mezcla adecuada de concentración y de ensoñación, de intelecto e intuición, de estar sentado y de estar en movimiento, que aporta alegría. La mayoría de vosotros necesita variedad, y todo el mundo necesita seguir creciendo. El equilibrio consiste en encontrar la combinación adecuada de actividades que apoyen tu vitalidad y te permitan cumplir con tu propósito con alegría.

Algunas personas se sienten equilibradas cuando se sienten en paz; otras se sienten equilibradas cuando crean emoción, cuando las cosas se mueven rápidamente en sus vidas y están ocupados haciendo malabares con muchas cosas. Algunos ven el equilibrio como algo que va bien y que está bajo control. El grado de equilibrio que tendrás en el futuro lo creas constantemente por la forma en que te imaginas a ti mismo en el futuro.

La verdadera seguridad existe
cuando el yo puede
satisfacer todas sus necesidades.

La mayoría de vosotros piensa que para tener seguridad hay que encontrar algo o a alguien en el mundo exterior que te dé algo que te haga sentirte seguro. Nadie puede darte nada antes de que te lo des a ti mismo. Si no puedes dártela a ti mismo, entonces nadie más puede dártela tampoco. Esto significa que ninguna cosa que busques ahora mismo para sentirte seguro –como dinero, un trabajo, un novio o novia, un matrimonio, una casa– satisfará esa necesidad hasta que te hayas dado a ti mismo la seguridad interior.

Algunas de las cosas que la gente cree que necesita para sentirse segura son el reconocimiento, las alabanzas, el amor, la fama y la fortuna. A menudo, el amor se exige a los demás de una forma muy concreta: tantas llamadas de teléfono a la semana, tantos abrazos, tantas veces que la otra persona diga «te quiero». Las necesidades de seguridad también pueden incluir la necesidad de sentir que el mundo es seguro, de sentir que eres especial, de sentirte parte de algo. Muchos de vosotros buscáis a los demás para que os den esto, y os encontráis con una decepción constante. Puedes satisfacer tus necesidades de seguridad: puedes amarte a ti mismo, creer que el mundo es seguro y reconocer tus logros. En definitiva, sólo tú, y no otras personas, puedes satisfacer estas necesidades por ti mismo.

Muchos de vosotros, en vuestra búsqueda de un propósito elevado, seleccionáis a otras personas y sus vidas como vuestro propósito. Queréis envolveros en sus vidas, acercarlos a vosotros, tenerlos escuchando cada una de vuestras palabras, atender a vuestro menor capricho y que se arrastre a vuestros pies, como se suele decir. Tu deseo de entrelazar tu vida con la de los demás, de estar más en su futuro que en el tuyo propio, puede encubrir la necesidad de cumplir tu propio propósito elevado. Cuando buscas sentirte seguro haciendo de otras personas tu proyecto antes de haber hecho de tu propio crecimiento una prioridad, acabarás decepcionándote. Como mínimo, descubrirás que no puedes satisfacer la necesidad de crecimiento personal haciendo del crecimiento de los demás el trabajo de tu vida.

La seguridad viene de tener algo en tu vida que es más grande que tú mismo, algo a lo que aspiras, algo que te atrae, te empuja y te llama. Hace que las pequeñas heridas y los eventos insignificantes sean pequeños en comparación. Sin embargo, muchos de vosotros buscáis ese algo más grande en los demás, en lugar de en vuestro propio crecimiento.

Para sentiros seguros necesitáis sentir
que estáis creciendo, expandiéndoos y
ampliando el alcance de vuestro mundo.

Puedes pensar que te sentirás más seguro manteniendo las cosas sin cambios, manteniendo el *statu quo*. Sin embargo, la seguridad sólo se consigue asumiendo riesgos, abriéndote y descubriendo más de lo que eres. Algunas personas han descubierto que cuando intentan mantener su mundo a salvo sin correr riesgos, acaban aún más asustados e inseguros. Enfrentarse al miedo siempre lo disminuye. Puede que te hayas dado cuenta de que cuando haces algo nuevo te sientes más valiente y fuerte en otras áreas.

El equilibrio consiste en manejar la cantidad de cosas que tienes que tratar cada día de una manera que te resulte pacífica y saludable, y de una manera que contribuya a tu crecimiento y a tu elevado bien. Mantiene las cosas que estás haciendo estimulantes, ayudándote a levantarte por la mañana sintiendo que la vida vale la pena. Decide que te convertirás en una fuente radiante de estabilidad y equilibrio para los que te rodean. Date a ti mismo las cosas que necesitas para la alegría y estate dispuesto a aceptar un universo de paz cuando llegue.

Hoja de actividades

1. Si quieres tener más equilibrio, estabilidad y seguridad en tu vida, afirma que ésa es tu intención.

2. Siéntate en silencio y relaja tu cuerpo. Inspira profundamente y permítete sentirte más tranquilo. Pide a tu yo más íntimo que te ayude a experimentar sentimientos de equilibrio, estabilidad y seguridad más a menudo.

3. Quédate en este estado tranquilo y relajado, y piensa en lo que podrías hacer ahora mismo para aportar más equilibrio y estabilidad a tus actividades diarias, tu trabajo, las relaciones, el ritmo de tu vida y cualquier otra cosa que se te ocurra.

4. Elige una o dos acciones específicas que puedas llevar a cabo ahora mismo para sentirte más equilibrado, estable y seguro en cada una de las áreas en las que has pensado. Pide a tu ser interior que te ayude a tener la sabiduría y el coraje necesarios para llevar a cabo estas acciones.

5. Comprométete a llevar a cabo estas acciones y luego imagínate a ti mismo haciéndolo.

Práctica diaria de la alegría

Comienza el día en un espacio equilibrado, tranquilo y estable. Ponte en contacto con tu ser más íntimo y permite que su sabiduría, amor y alegría se derramen a través de ti. Nota cómo te sientes más centrado y estable con este contacto. Piensa en el día que tienes por delante y afirma tu intención de mantenerte equilibrado sin importar lo que estés haciendo. Decide que harás lo que sea necesario para sentirte bien física, emocional y mentalmente. Afirma que vas a cuidar de ti mismo, mantener tu energía estable y mantener un canal abierto a tu yo más íntimo. Decídete a honrarte a ti mismo hoy a través de vivir tu vida a un ritmo que te resulte cómodo y te nutra. Invoca a tu ser más íntimo para que abra el camino para que tu energía sea equilibrada, tranquila y estable a lo largo del día.

Mientras piensas en tu día, deja que tu ser interior te muestre todo lo que podrías hacer de forma diferente, añadir o cambiar en tu día para sentirte más equilibrado. Puedes pedirle a tu yo más profundo que te avise de cualquier momento en el que no estés en equilibrio, para que puedas dar los pasos necesarios para volver a un estado estable y equilibrado.

Mientras te imaginas cómo transcurrirá el día, imagínate haciendo una pausa de vez en cuando para abrirte a la energía y la luz de tu alma, simplemente pensando en hacerlo. Imagínate haciendo esto cuando termines algo, antes de empezar lo siguiente, o en cualquier otro momento en el que quieras más equilibrio, estabilidad, seguridad o guía. Imagínate siguiendo el flujo de tu energía mientras de una actividad o interacción a otra, haciéndolo todo de forma equilibrada, fluida, alegre y pacífica. Observa en tu mente cómo se sienten los demás a tu alrededor mientras tú mantienes un estado de equilibrio y estabilidad independientemente de lo que ocurra. Tu equilibrio y estabilidad se convierten en un regalo para todos los que te rodean. Reflexiona sobre cómo podrías sentirte al final del día mientras mantienes contacto con tu yo más íntimo, lo que te permite permanecer en un estado pacífico estable y equilibrado durante todo el día. Observa tu nivel de energía, tu sensación de paz interior, tu mente despejada, tu sensación de descanso y relajación, y cualquier otro beneficio que te venga a la mente por mantener este estado.

AFIRMACIONES

Me detengo a menudo para conectarme con mi alma y recibir
su energía y su luz.

Invoco la sabiduría de mi ser más íntimo antes de hablar o actuar.

Me tomo tiempo para pensar antes de actuar.

Me tomo todo el tiempo que necesito para hacer un buen trabajo.

Tengo una visión positiva y optimista.

Me gusta sentirme equilibrado.

Me mantengo equilibrado y en mi centro en todo momento.

Mi vida es equilibrada. Soy equilibrado.

Me mantengo equilibrado con los que actúan de forma
desequilibrada.

Reconozco todas las cosas que estoy haciendo bien.

Mis emociones están en calma como un lago claro de montaña.

Hago aquellas cosas que me aportan vitalidad.

Hago aquellas cosas que me permiten cumplir mi propósito
con alegría.

Libero la necesidad de reconocimiento o alabanza para sentirme bien conmigo mismo.

Mi crecimiento personal y espiritual es una prioridad en mi vida.

Crezco y me expando cada día.

Soy fuerte y capaz.

Soy creativo y sabio.

CAPÍTULO XIII

Claridad:
vivir con más luz

Alcanzar la claridad implica ver un panorama más general, un marco temporal más amplio, una perspectiva más amplia. Cuanto más amplia sea tu visión, más claro podrás ser. La capacidad de un gran maestro para conocer el propósito de un alma en esta vida aporta claridad de visión y consejo. ¿Cómo puedes desarrollar este tipo de claridad en tu propia vida?

La mayoría de vosotros sólo pensáis en vuestra vida en términos de un marco temporal que comporta días y semanas, en lugar de un período o perspectiva de muchos años, o incluso de toda tu vida. Si estás dispuesto a ver tu vida como un todo, puedes encontrar diferentes niveles de claridad en torno al momento presente. No necesitas saber la forma concreta en que aparecerán las cosas, como tener un determinado trabajo, o hacia dónde te diriges, o el tipo de carrera que tendrás. Sin embargo, cuanto mayor sea la imagen que tengas de quién eres, más claro puedes ser. Si fueras al futuro y miraras al presente, podrías obtener una imagen de quién eres, ya que el cambio de perspectiva puede aportar claridad. La mayoría de vosotros tenéis ciertas formas de pensar, ciertos hábitos y patrones. Cada vez que te liberas y encuentras una nueva forma de pensar, aumentas la claridad.

La claridad no es algo que se alcanza y se posee a partir de entonces. Es un refinamiento continuo de tu imagen. Imagina un barco que intenta encontrar un lugar para desembarcar cerca de la orilla. La niebla es espesa y los tripulantes no pueden ver nada, por lo que no abandonan el barco ni realizan ninguna acción. Cuando la niebla se disipa y siguen mirando, empiezan a ver el contorno borroso del horizonte y la costa. Sin embargo, no saben lo que hay, por lo que no hacen nada. Pronto, a medida que la niebla se va disolviendo, la imagen se aclara. Ahora saben lo que les espera y se preparan para actuar.

El mismo proceso tiene lugar con la claridad. Al principio, las ideas parecen vagas y nebulosas, porque así es como la esencia se convierte en forma. A medida que se inicia el proceso perceptivo, aparece una nueva idea o una nueva forma de ver las cosas, que surge con una forma vaga. A menudo, sólo se tiene una sensación interna de que algo que se tiene ahora no es correcto.

Esto puede empezar como una sensación incómoda, ya que el proceso de ganar claridad es también el proceso de dejar ir la confusión. Puede tratarse de un anhelo, un deseo, una necesidad o una carencia que sólo formará parte de tu conciencia emocional después de haber pasado a través de tus percepciones.

Las cosas no suelen aclararse de repente, ya que ganar claridad es un proceso continuo. Cuando sientas por primera vez esa vaga insatisfacción, esa sensación de que hay que cambiar algo, pregúntate: «¿Cómo puedo afinar esta imagen?». Cuanto más precisa sea tu experiencia, más rápido ganarás claridad. Toma cualquier área de incomodidad vaga, de niebla, y concéntrate en ella excluyendo todos los demás pensamientos. Averigua exactamente cuál es la sensación de incomodidad. Si te concentraras en esa vaguedad, poniéndole palabras, probando diferentes pensamientos sobre ella, finalmente encontrarías un punto de vista que encaje. Una vez que encuentres ese punto de vista, tendrás claridad. La claridad viene de buscar y encontrar la información que necesitas, de tener la paciencia de buscar la luz de la sabiduría que te ayudará a tomar la decisión más elevada.

La claridad a menudo implica una forma de ver las cosas en la que las pones en un formato utilizable encajándolas y ajustándolas a lo que eres para poder pasar a la acción. La acción siempre va precedida de una decisión, y se llega a una decisión a través de la claridad si estás operando desde tu nivel más alto.

¿Cuál es el valor de la claridad? ¿De qué te servirá tener claridad? Te ahorrará mucho tiempo; de hecho, puede ahorrarte años de estar en un camino más lento de evolución. Tener claridad significa tomarse el tiempo para pensar en los asuntos de tu vida. Es más importante pensar que actuar. Muchos de vosotros queréis actuar, ver resultados. Encontrar la acción correcta es bastante fácil si estáis dispuestos a dedicar tiempo a pensar, a conectar con vuestro yo más elevado y a recibir una guía interna.

La claridad proviene
de un estado de concentración mental,
de enfocar los pensamientos
y de prestar atención.

Puedes alcanzar la claridad entrenando tu mente para que sea precisa y exacta en su definición de la experiencia. La claridad significa que estás concentrado y vives a un nivel de energía en el que los demás no pueden interferir. Cuanto más clara sea tu energía, menos te afectarán los demás, sus expectativas o deseos, y más claro será tu camino en la vida. Necesitas claridad no sólo para llevar a cabo el propósito de tu vida, sino en todas las áreas de tu vida.

Ten *clara* tu intención. ¿Qué pretendes hacer con tu vida? ¿Crecer? ¿Ser cariñoso? ¿Ser alegre? ¿Servir, curar? Cuanto más elevado sea tu nivel de claridad en torno a esto, más fluirá esa energía clara en cada área de tu vida. El propósito de tu vida es lo más importante que puedes tener claro. La claridad del propósito dirigirá la energía clara a todas las demás áreas de tu vida. Puedes decir: «En esencia, ¿cuál es el propósito de la vida?». Es el deseo más profundo dentro de ti, lo que te da más alegría, aquello en lo que piensas y fantaseas todo el tiempo. Es ese impulso profundo en el nivel del alma, esa motivación; es el sueño que guardas en tu interior.

¿Cómo piensas llevar a cabo el propósito de tu vida? Y lo que es más importante, ¿tienes la intención de hacerlo? La claridad de la intención es la imagen, la visión que estás creando. Cuando te propones hacer algo, puedes tener o no una imagen clara de la meta o del producto final. La claridad de intención es una imagen de hacia dónde vas o del proceso que quieres experimentar para llegar allí. Puede que simplemente quieras crear una vida feliz o tener clara tu intención de conseguir algo.

Después de la claridad de intenciones viene la claridad de la motivación. ¿Cuál es tu motivación para hacer algo? Sea cual sea la acción que emprendas, debes tener claro por qué lo haces. ¿Qué es lo que ves como ganancia? ¿Qué quieres conseguir? Puede que te des cuenta de que no lo tenías claro antes de emprender una acción cuando los resultados no son los que esperabas. Puede que hayas creado algo que pensabas que querías en tu vida y descubrir que no era lo que querías. Si hubieras tenido claro lo que querías, lo que esperabas obtener, habría sido más fácil para el Universo traértelo de muchas maneras y formas diferentes.

También hay claridad en el acuerdo. En toda relación personal, en todas las relaciones comerciales y en todos los grupos, hay acuerdos tácitos. Cuanto más se pueda hablar de los acuerdos tácitos y sacarlos a la superficie, más claros serán. Muchas decepciones y problemas tienen lugar cuando los acuerdos no son claros, cuando una persona sigue un conjunto de acuerdos y otra sigue otro. Ambas pueden actuar con claridad, pero si no se comunican, puede haber confusión y decepción.

La comunicación cuidadosa aporta claridad.

La claridad de la comunicación significa ser preciso y exacto cuando se habla. Significa no exagerar tu experiencia, empeorando las cosas malas o haciendo que las cosas buenas sean glamurosas. Cualquier tendencia a exagerar puede crear una comunicación imprecisa entre ti y los demás. Crea desenfoque, incluso experiencias negativas. Cuida tus palabras cuando te dirijas a los demás. ¿Estás reflejando con exactitud tu experiencia, o te estás comunicando para impresionar, deslumbrar o ganar simpatía? Ten claro qué quieres ganar cuando hablas con los demás. ¿Esperas que la otra persona te dé ciertas cosas? ¿Estás operando a partir de acuerdos tácitos? Es importante comunicar claramente lo que esperas si no quieres llevarte una decepción. La comunicación es una de las áreas que da forma a la vida que vives y a las formas que atraes. Cuando hables con precisión y claridad, cuando conozcas la intención de tu comunicación, descubrirás que tu experiencia con los demás y con el mundo mejora.

Ten claro tu propósito, la intención y la motivación.

Cuando tienes claro tu propósito, tu intención, tu motivación, tus acuerdos, cuando eres claro en tus comunicaciones, la acción fluye. Muchos de vosotros queréis empezar con la claridad de la acción, pero el verdadero punto de partida es la claridad de propósito. La claridad de percepción te permite crear la visión que coincide con tu motivación, tu ser interior y tu esencia. La claridad en un sentido espiritual es una alineación de los cuerpos físico, mental y emocional con el ser espiritual. Esto se puede conseguir enlazando con tu alma en momentos de paz, calma y tranquilidad.

Desde este nivel, la claridad fluye hacia tu mente. La mente es una de tus herramientas más poderosas cuando recibe e interpreta con claridad la guía que proviene de tu ser más íntimo. Si quieres claridad, pide a tu alma que te la dé. Tu alma tiene las respuestas, así como una conexión con los flujos de energía en el plano terrestre que te traerá abundancia, amor y paz, y cualquier otra cosa que pidas que sea para tu elevado bien.

Piensa ahora en algo sobre lo que quieras tener claridad. Imagina que estás ascendiendo a tu alma, a lo más profundo de tu ser. Imagina tu alma como una energía delicada y ligera. Mira la luz, el amor y la energía de tu alma fluyendo hacia tu mente, limpiando simbólicamente la casa, reorganizando tus pensamientos en un patrón más abierto que te permita crear un futuro más ligero y más alegre. Siente la energía de tu alma bajando por todo tu cuerpo, alineando todos tus cuerpos –mental, emocional y físico– con su energía superior.

Si quieres saber más sobre el propósito de tu vida, o sobre cualquier situación personal, entonces pregunta. Tendrás que crear la intención y un tiempo para escuchar. Tómate el tiempo necesario para sentarte en silencio. Puede que no ocurra la primera vez que lo intentes. Sin embargo, si continúas creando el espacio para que las ideas lleguen, eso es todo lo que se necesita.

Cada vez que crees un espacio claro y relajado, calmes tu mente, te vincules con tu alma y pidas información, tu alma te la dará. Eres como un receptor de radio que puede captar varias cadenas. Tu alma siempre te envía las respuestas y la orientación que necesitas; todo lo que tienes que hacer es sintonizar la información que te ofrece.

Cuanto más tiempo dediques a escuchar tu interior, más recibirás. Cuanto más tiempo dediques a aclararte –tiempo para pensar en silencio, para conectarte con las energías más elevadas de tu interior–, más te encontrarás tomando acciones que son completamente diferentes de las que podrías haber tomado. Es posible que puedas eliminar el 80 % o más de las acciones innecesarias. Una media hora dedicada a pensar y aclararte puede evitar que pases años en un camino más lento. Puedes evolucionar rápidamente a nivel espiritual si dedicas el tiempo necesario a aclararte, pedir lo que quieres y abrirte a recibirlo.

HOJA DE ACTIVIDADES

1. Piensa en algo sobre lo que te sientes ambivalente o confundido y te gustaría tener una nueva comprensión y claridad.

2. Siéntate en silencio y relaja tu cuerpo. Piensa en el tema por un momento y luego déjalo ir. Haz mucho silencio y entra en tu interior, permitiendo que la paz de tu interior impregne tu ser.

3. Pide claridad y orientación a tu ser superior y a las fuerzas superiores del Universo. Desde este estado pacífico y relajado, permite que nuevos pensamientos sobre este tema, inspirados por tu ser superior, lleguen a tu mente. Pregúntate a ti mismo:
   - ¿Qué ideas estás recibiendo sobre cómo actuar o pensar?
   - ¿Qué creencias tienes sobre el resultado? ¿Necesitas cambiar estas creencias por una visión más elevada?
   - ¿Qué opciones tienes? (Piensa al menos en tres).
   - ¿Qué *piensas* hacer ahora?

PRÁCTICA DIARIA DE LA ALEGRÍA

Para vivir con más luz hoy, comienza pidiendo a tu alma que te infunda luz y energía clara. Puedes imaginar que la luz clara desciende de tu alma, vertiéndose en tu mente, emociones y cuerpo físico, alineándote con tu ser espiritual. Tu alma te está trayendo una visión clara para que puedas ver tu vida desde una perspectiva más elevada y sabia. Permítete sentirte muy claro ahora mismo mientras te abres a esta luz brillante de ver, pensar y sentir con claridad.

Cuando pienses en el día que te espera, imagina que estás llevando esta luz de claridad en cada interacción con otras personas, en cada relación de tu vida y en cada proyecto en el que estás trabajando. Tienes claras tus expectativas y los acuerdos, tanto hablados como no hablados, con otras personas. Sabes lo que quieres y lo comunicas con cuidado y precisión. Imagínate haciendo esto.

Reflexiona sobre algo que piensas hacer hoy. Pide a tu alma que te aclare esta área y la mejor manera de hacerlo. Desde la perspectiva elevada de tu alma, considera o cuestiona si necesitas hacerlo. ¿Es hoy el mejor día para hacerlo? Presta atención a cualquier guía, percepción o nueva información que surja sobre esta área.

Imagina tu luz clara irradiando hacia fuera durante todo el día, transformando todas las energías a tu alrededor de forma positiva. Imagínate a ti mismo logrando todo lo que necesitas hacer hoy y haciéndolo alineado con tu alma, en un estado de conciencia claro y enfocado, escuchando a tu interior y siguiendo tu elevada guía. Siente cómo te sentirás al final del día mientras vives en esta elevada luz de claridad durante toda la jornada.

AFIRMACIONES

Soy consciente de la imagen más amplia de todo aquello en lo que me concentro.

Soy consciente de mi vida como un todo desde la perspectiva de toda mi vida.

Libero viejos hábitos y patrones. Descubro nuevas formas de pensar y de ser.

Me abro a la claridad de mi alma que me guía para tomar las mejores decisiones.

La claridad de mi yo más íntimo me guía hacia la acción correcta.

Soy claro. Tomo decisiones sabias.

Me tomo todo el tiempo que necesito para llegar a elecciones y decisiones buenas y claras.

Tengo clara mi intención de _____.

Tengo clara mi intención de conocer _____.

Tengo claro el propósito de mi vida. Sé para qué estoy aquí y lo estoy haciendo.

Tengo clara mi motivación para tener o crear _____.

Tengo la intención de llevar a cabo mi propósito de vida.

Tengo acuerdos claros con todas las personas de mi vida.

Mi comunicación con los demás es clara y amorosa.

Alineo mi cuerpo, emociones y mente con mi ser espiritual.

Mi alma siempre responde cuando le pido más claridad. Soy claro.

Creo un tiempo de silencio para recibir la guía y la claridad
que necesito de mi alma.

Pido al Universo lo que quiero y estoy abierto a recibirlo.

Tomo buenas decisiones y elecciones.

Me tomo tiempo para estar en silencio todos los días y escuchar
mi interior.

Sostengo cada situación a la luz clara de mi alma, sabiendo
que siempre existe una solución más elevada.

CAPÍTULO XIV

La libertad es tu derecho de nacimiento

La libertad es un sentimiento interior. Es la capacidad de elegir lo que quieres. Es saber que eres el capitán del barco. La libertad es saber que eres el dueño de tu vida, que eres el que manda. La libertad es esencial para la alegría, ya que en un lugar donde te sientas atrapado o cuando alguien te ha quitado tus derechos, no puedes experimentar la alegría.

La libertad es importante si quieres llevar la luz de tu alma a tu conciencia. Vives en un planeta de libre albedrío, donde aprendes sobre acción y reacción, causa y efecto. La realidad terrestre se basa en la elección. No importa la situación que estés experimentando en tu vida, tanto si crees que tienes libertad o no, has tenido una elección para estar en esa situación, seas o no consciente de haber hecho esa elección.

Se aprende a base de ensayo y error. No te equivoques con los demás por las decisiones que toman, ya que todo el mundo crece siempre a través de los resultados de sus acciones. En esta escuela terrestre del libre albedrío que llamas vida, hay muchas lecciones y retos de libertad.

Los únicos límites a la libertad
son los que te pones a ti mismo.

¿Cómo se pierde el sentido de la libertad alegre, el derecho de nacimiento de la elección? Cuando eres un niño pequeño, tienes muchas exigencias y expectativas, pero un niño tiene más libertad de la que parece. Un niño es libre de responder de formas nuevas, de aprender y crecer sin ideas preconcebidas. Un niño es libre de examinar las cosas de nuevo, de tomar cada experiencia por lo que es y no categorizarla o analizarla basándose en experiencias pasadas. Un niño es libre, especialmente en los primeros años de vida, para formarse opiniones basadas no en ideas pasadas, sino en las reacciones naturales.

A medida que el niño crece, algunos sentimientos de libertad se pierden en el proceso de desarrollo mental. La mente empieza a buscar patrones; empieza a ver asociaciones, conectando cosas que sería mejor entender como hechos independientes. Cuando ocurre algo, la mente mira a todas las demás cosas de naturaleza similar, a menudo exagerando lo negativo al comparar la situación actual con los recuerdos del pasado.

De niño, tomas decisiones fuertes. Un hombre que a menudo tenía miedo de defender su obra creativa descubrió que cuando era pequeño alguien había ridiculizado un cuadro que había pintado. Le daba miedo mostrar a la gente su trabajo creativo. Comenzó a esconder sus dibujos y, finalmente, se sintió mal por cada esfuerzo creativo. Empezó a tener miedo de hacer valer su poder. Identificaba las nuevas experiencias con las antiguas, y así congelaba el grado de elección disponible en circunstancias nuevas pero similares. Esto le llevó a perder un montón de libertad: ya no era libre de elegir su respuesta a su propio poder y creatividad.

Los niños toman decisiones constantes y continuas sobre la naturaleza de la realidad. A una mujer le resultaba difícil hablar de cosas en las que realmente creía. Descubrió que cuando era pequeña, al hacer un pastel, su madre la había reprendido duramente por un comentario que había hecho. En ese momento tomó una decisión: para ser amable, debía guardarse sus opiniones para sí misma. En futuras situaciones, actuó bajo esa premisa. Esto le impidió responder espontáneamente y ver cada situación como una experiencia nueva. Se volvió temerosa de hablar, y se encontró intimidada cuando se trataba de expresar una opinión que alguien pudiera cuestionar. La libertad es un derecho de nacimiento. Pertenece a todos. Ahora puedes decir: yo no soy libre en este o aquel aspecto de mi vida. No soy libre para dejar mi trabajo, viajar por el mundo o hacer lo que quiera. Eres libre, en la medida en que creas que eres libre.

Para crear más libertad en tu vida
no mires las áreas
en las que no tienes libertad;
mira, en cambio, las áreas
en las que sí tienes libertad.

Tal vez tengas la libertad de quedarte fuera hasta tarde si quieres, o la libertad de comprar en el supermercado un alimento especial que quieres tomar. Para tener más libertad, fíjate en la libertad que ya reclamas como derecho. Te colocas en el papel de víctima cuando te compadeces de ti mismo por carecer de libertad. Cuando te sientes en ese papel, no eres poderoso. En su lugar, observa las áreas en las que has elegido no ser la víctima de otra persona o circunstancia. Todos vosotros habéis creado libertad en muchos ámbitos de vuestra vida. Puedes ver que os habéis dado muchas libertades, libertades que valoráis mucho y que no permitiríais que nadie os las quitara.

¿Qué hay de esas áreas de tu vida en las que la gente te exige más de ti de lo que tú quieres dar? Puede que quieran más tiempo, energía, amor o atención. Puede que te lo exijan de tal manera que sientas una pérdida de libertad. Si esto ocurre en tu vida, intenta preguntarte si una parte de ti quiere más tiempo y más atención de otra parte de ti de la que estás dispuesto a dar. Cualquier cosa que sientas que otra persona te está quitando simboliza algo que te estás quitando a ti mismo. Si sientes que la gente quiere

más atención de la que puedes darles, o que te exigen cosas que no puedes ni eliges satisfacer, pregúntate: «¿Una parte de mí está exigiendo algo que no puede ser satisfecha por otra parte de mí mismo?».

Los demás actúan como espejos para mostrarte algo de lo que te haces a ti mismo. En este caso, puedes preguntarte: «¿Estoy quitando de alguna manera algo de mí mismo, no prestando suficiente atención a mis propias necesidades?». Puedes empezar por ver cuáles son esas necesidades y decidir prestarles atención. En una ocasión, un hombre sintió que su novia exigía demasiado de él en cuanto a tiempo y espacio. Él disfrutaba de las muchas horas que pasaba trabajando solo, y la necesidad de compañía de ella era mucho mayor que la suya. Cuando empezó a examinar las exigencias que ella le planteaba, se dio cuenta de que en todas sus largas horas de trabajo no estaba prestando atención a sí mismo y a sus propias necesidades. Descubrió que no estaba prestando atención a su yo más íntimo, que quería dormir y descansar y recibir más atención. En cambio, trabajaba largas y duras horas, ignorando sus necesidades físicas y las de otras partes de sí mismo.

La mujer, que sentía que este hombre no le prestaba la atención y el tiempo que quería, empezó a ver esto como un mensaje interno. Sentía que no jugaban ni pasaban tiempo de calidad juntos. Al reflexionar más profundamente, se dio cuenta de que no se estaba dando tiempo de calidad a sí misma, que iba de un lado a otro todo el día, respondiendo a las necesidades de los demás, y que no se permitía jugar y divertirse. Todo lo que le reprochaba a su pareja por negárselo era algo que no se estaba dando a sí misma.

La libertad es algo que uno crea para sí mismo. La libertad no te la dan y no te la pueden quitar. Puedes elegir regalarla, y puedes elegir no reclamarla, pero los demás no pueden quitártela. Sólo tú puedes darla. Hay muchas áreas de libertad en tu vida que sabes que nadie podría quitártelas. Tal vez tengas un lugar favorito para comer y te sientes libre de comer allí. En el fondo sabes que nadie podría impedírtelo. Tal vez tengas la libertad de ver tu programa favorito en la televisión, o escuchar la música que te gusta, y sabes que nadie te lo impedirá. Puede que notes en estas situaciones que nadie intenta detenerte.

> *Cuando se lanza un mensaje claro y definido*
> *al Universo, rara vez tienes que luchar*
> *por lo que quieres.*

¿Alguna vez has ensayado algo con antelación, has tenido muy claro lo que querías y luego has descubierto que ni siquiera tenías que pedirlo porque una vez que lo tuviste claro, la otra persona ni siquiera te desafió? La lucha por conseguir lo que quieres suele ocurrir cuando no estás seguro de que mereces tenerlo.

Muchos de vosotros que trabajáis sentís que no sois libres, que de alguna manera entre las nueve y las cinco horas tenéis que renunciar a vuestra libertad. La libertad es una actitud. Para experimentar la libertad en esta situación, puede ser necesario mirar el panorama general.

¿Por qué estás en este trabajo? Si es por el dinero, recuerda que elegiste libremente este trabajo para ganar dinero y que eres libre de encontrar otra forma de ganarlo en cualquier momento.

Puedes crear una sensación de libertad de un momento a otro si te das cuenta de que eres libre de responder, actuar y sentir como quieras. Eres libre de hablar y actuar dentro del marco de tu trabajo. Siempre puedes encontrar un nivel de libertad en todo lo que haces. Mira dónde eres libre. Concéntrate en esa libertad, y ésta aumentará en tu vida.

La mayor barrera para la libertad reside en la forma en que piensas acerca del mundo. La falta de libertad no proviene de otras personas, sino de tus propios procesos de pensamiento. Muchos de vosotros os priváis de vuestra libertad al no permitiros elegir cómo reaccionar ante una situación determinada. Por ejemplo, digamos que tu amigo siempre te critica y tú siempre respondes con dolor o ira. Puedes ganar libertad encontrando nuevas formas de reaccionar.

Tal vez puedas decir: «Oh, este amigo mío simplemente no conoce una mejor manera de actuar». O bien: «Tal vez este amigo mío es muy crítico consigo mismo y sólo me critica porque es la forma en que mi amigo se habla a sí mismo». Puedes elegir venir desde la compasión y no tomarte la crítica como algo personal. Puedes elegir permanecer centrado y equilibrado incluso cuando otros a tu alrededor no lo están. Ésta es la libertad definitiva, la libertad de elegir cómo responderás y serás, la libertad de actuar de una manera que eleve tu energía.

La mayoría de las personas responden de forma automática en lugar de examinar sus respuestas. Date cuenta de que puedes elegir cómo reaccionar y responder a todo en el Universo. Cuando algunas personas tienen plazos de entrega, revisan qué tienen que hacer y luego dan los pasos necesarios para completar su proyecto tranquilamente, incluso con tiempo de sobra. Otras pueden sentir pánico y empezar a apresurarse para conseguir terminar el proyecto. Otras personas responden procrastinando y terminando las cosas en el último momento. Otras responden con depresión, sintiendo que la tarea es abrumadora y que su voz interior les dice que nunca podrán hacerlo, así que sólo hacen un trabajo a medias. Eres libre de elegir: ¿quieres reaccionar ante algo que te hace sentir infeliz o mal contigo mismo, o quieres reaccionar de una manera que promueva tu autoestima?

Los demás te responden de la manera que les dictan sus programas y creencias. El poder está en saber que tienes una opción. No necesitas cambiar a los demás; puedes cambiar tu reacción ante ellos. Cuando eliges sentirte bien, no dependes de que los demás actúen de determinadas maneras para que te sientas bien. Antes de que puedas atraer a personas que te apoyen, aprecien y reconozcan, debes elegir hacerlo por ti mismo.

El grado en que te apoyes
y te reconozcas a ti mismo será el grado
en el que recibas apoyo.

Cada vez que elijas sentirte bien contigo mismo, incluso cuando alguien te está criticando, menospreciando o actuando de una forma a la que antes respondías con dolor, estás eligiendo la alegría. Cada vez que lo haces, creas libertad en tu vida. Para ser feliz, te liberas de la necesidad de que otras personas actúen de ciertas maneras. Te liberas de tus propias expectativas.

Con frecuencia, el sentimiento de dolor proviene de quedarse atrapado en los detalles en lugar de ver el panorama general. Por ejemplo, una mujer se sintió muy decepcionada con su novio cuando no le llevó flores. Ella tenía la idea de que recibir flores de los hombres significaba que la querían. Cada vez que pensaba en que él no le llevaba flores, sentía dolor. Ella no era libre de elegir la alegría debido a sus propias imágenes internas. Cuando empezó a ver la verdad y el panorama general, se dio cuenta de que ese hombre la amaba profundamente, que estaba muy comprometido con ella, y que no consideraba el hecho de regalar flores como una declaración de amor. Al ver todas las cosas buenas que había entre ellos, se dio cuenta de que estaba atrapada en sus propias expectativas; elegía el dolor por costumbre.

Para tener libertad
hay que estar dispuesto a dar libertad.

No se puede ser dueño de otra persona, ni se puede tener una relación de igualdad cuando le quitas la libertad a otra persona. Todas las personas tienen derecho a hacer lo que les da vida y crecimiento. Muchas personas tienen que dejar las relaciones porque no se les concede la libertad que necesitan para crecer. Algunos se sienten amenazados por la necesidad de libertad de su pareja. Pueden interpretar una petición de libertad como un rechazo, pensando que la otra persona se está alejando de ellos, en lugar de ser un intento de buscar su propio ser elevado.

Irónicamente, cuanta más libertad le des a la gente, más querrán estar contigo. ¿Exiges a los demás cosas que no querrías que te exigieran a ti? ¿Esperas que se presenten ante ti, que estén a la altura de tus imágenes y que estén ahí siempre que lo desees? Cualquier grado de libertad que les quites a los demás es el grado de libertad que te quitas a ti mismo.

Imagina a un preso sentado en una celda con un guardia que debe vigilarlo veinticuatro horas al día. La pregunta es: ¿quién es realmente el preso? Si sientes que debes vigilar o custodiar a otros todo el tiempo, que no puedes confiar en ellos o darles libertad, estás tan atrapado como ellos. Muchos de vosotros perdéis vuestra libertad porque consideráis que debéis vigilar o custodiar a los demás en vez de confiar en ellos o darles libertad. Puedes proteger a tu pareja, tus posesiones, tus hijos o tu familia de tal manera que pasas más tiempo protegiéndolos que buscando tu propio crecimiento.

Si experimenta celos, puede estar basado en el temor de que los demás estén dando algo a otra persona que no te dan a ti. Si miras y examinas el asunto, suele ser algo que tú mismo no te estás dando. Si estás celoso de que tu pareja le preste atención a otra persona y quieres restringir su libertad para que no pueda hacerlo, piénsalo bien. Es posible que no te estés dando a ti mismo, a tu vida o a tu ser elevado la atención necesaria para tu propio bienestar y crecimiento espiritual.

Los celos quitan la libertad tanto al que está celoso como al que es poseído. Si te das a ti mismo lo que necesitas –ya sea atención, amor o cualquier otra cosa–, entonces no experimentarás celos. Descubrirás que puedes obtener la satisfacción de muchas cosas, no sólo de la persona que amas. Los celos implican escasez, que no hay suficiente. La libertad implica abundancia, que hay suficiente.

Determina ahora
que darás libertad
a todos los que están cerca de ti.

Deja que los demás cometan sus propios errores y descubran sus propias alegrías. Puedo garantizarte que siempre que des libertad a los demás, se volverán hacia ti con más amor y respeto. Se necesita ser una persona centrada, equilibrada y segura para dar a los demás su libertad. Es un gran regalo para ellos y para ti mismo, porque cuando uno ya no necesita vigilar al prisionero, el carcelero también es libre.

Eres libre cuando puedes elegir cómo quieres responder. Si puedes elegir reaccionar con alegría y placer, si puedes elegir reaccionar viendo lo positivo, haciendo lo correcto en lugar de lo incorrecto, entonces has ganado la libertad definitiva, la libertad de ser y actuar de forma que refleje tu verdad más profunda.

HOJA DE ACTIVIDADES

1. Recuerda al menos tres áreas en las que te permites libertad.

2. ¿Hay algún aspecto de tu vida en el que no te sientas libre? Por ejemplo: no soy libre para volver a estudiar o dejar mi trabajo.

3. ¿Puedes imaginar que es posible tener libertad en esas áreas de tu vida? Si es posible, empieza a imaginarte teniendo libertad en esas áreas. Autorízate a hacer los cambios necesarios en esas áreas. Puede llevar un tiempo que la libertad aparezca en tu vida diaria, pero la libertad empieza con el pensamiento de la misma. Convierte cada afirmación anterior en una afirmación positiva en aquellas áreas en las que sientas que la libertad es posible. Por ejemplo: ahora soy libre para volver a estudiar.

PRÁCTICA DIARIA DE LA ALEGRÍA

Determina que hoy vas a experimentar más libertad en cada área de tu vida. Conecta con tu alma y dale permiso para que te ayude a liberar cualquier cosa que se interponga en tu camino hacia la libertad. Imagina que respiras la calidad de la libertad que libera obstáculos, bloqueos y limitaciones, abriendo el camino para tener más libertad en tu vida. Mientras piensas en el día que tienes por delante, date cuenta de lo libre que eres realmente, aunque creas que no eres libre en ciertas áreas. A lo largo del día, reconoce y afirma tu libertad, independientemente de lo que estés haciendo. Reconoce que eres libre de sentir, responder y pensar como quieras. Afirma con sentimiento: «Soy libre. Soy el capitán de mi barco. Estoy a cargo de mi vida». Si estás haciendo algo que no quieres y no te sientes libre para dejar de hacerlo, recuérdate por qué elegiste hacerlo en primer lugar. Si ya no es apropiado continuar con esta actividad o si ya no quieres hacerla, atrae la energía de la libertad de tu alma. Pídele que te ayude a dejar esta actividad. Pide ayuda para encontrar y crear nuevas y maravillosas oportunidades. A lo largo del día, cada vez que tengas que hacer una elección o tomar una decisión, haz una pausa, atrae la energía de la libertad y pídele a tu ser más íntimo que se libere de cualquier limitación. Pide que te guíen para crear un futuro más expansivo, un futuro más elevado. Date cuenta de la facilidad con la que puedes liberar cualquier límite que te hayas puesto a ti mismo, simplemente pidiendo ayuda a tu ser más íntimo. Date a ti mismo la mayor libertad de todas: la libertad de recibir y actuar según la guía interna que viene de tu ser más íntimo. Reconoce y agradece que eres libre, ¡porque lo eres!

AFIRMACIONES

Soy libre de escuchar y seguir mi guía interior.

Soy el capitán de mi barco.

Estoy a cargo de mi vida.

Libero los límites que he puesto a mi libertad.

Reconozco todas las formas en que soy libre.

Soy libre de actuar, sentir y responder de la manera que elija.

Soy libre del pasado.

Mi futuro es un libro abierto que estoy creando de nuevo cada día.

Soy libre de apegos.

Me mantengo libre al no tomar como algo personal lo que otros dicen o hacen. Sé que sus acciones y palabras son un reflejo de lo que son, no de lo que soy yo.

Cambio mis relaciones cambiándome a mí mismo.

Doy a los demás la libertad de ser quienes son.

Doy a los demás la libertad de vivir sus vidas como les parezca.

Actúo de forma que refleje mi verdad más profunda.

Soy libre. Mi vida es mía.

Todo lo que hago lo elijo.

Libero todas las limitaciones. Vivo en un mundo sin límites.

CAPÍTULO XV

Abrazar lo nuevo

Estar abierto a aceptar nuevas cosas, ideas y personas en tu vida crea una capacidad de alegría en constante expansión. Hay una forma masiva de pensar en que el futuro puede ser peor que el presente. Esto crea la necesidad de aferrarse a lo que tienes, a congelar las cosas tal y como son y evitar que cambien. Hacer esto puede conducir a mucho dolor.

Abrazar lo nuevo significa estar abierto a tener más en tu vida. Muchos de vosotros pensáis que lo que habéis creado hasta ahora es lo mejor que podéis hacer. Hacéis algo y pensáis que el primer intento es el mejor. Sin embargo, en el segundo y tercer intento podéis hacerlo aún mejor. A medida que creas cosas en tu vida, te vuelves mejor y más hábil. Ése es el proceso de la vida. Un niño que empieza a caminar se tambalea y es inestable. A medida que el niño practica, se vuelve fuerte y firme en su paso. Lo mismo ocurre con todo lo que haces, porque la vida es como una espiral en la que se gira una y otra vez, a menudo sobre los mismos temas, pero cada vez desde una perspectiva más elevada.

Abrirse a lo nuevo significa confiar y tener fe en uno mismo y en los demás. Significa creer que el futuro tiene alegría y promesas. Significa creer en tu crecimiento y dirección. El corazón es el centro de la fe, la confianza y la creencia. Abrirse a lo nuevo significa abrir el corazón. Estar dispuesto a dar un paso más allá de tus límites y puntos de vista normales y ver el mundo de forma diferente. Confía en que el mundo es seguro y sabe que tú eres el director y el productor de lo que ocurre en tu vida.

La apertura a lo nuevo requiere la voluntad de ver lo viejo no con odio, ira o asco, sino con compasión. Muchos de vosotros dejáis una relación con rabia o compráis un coche nuevo cuando estáis enfadados con el anterior. Ésa es una manera de dejar lo viejo y abrazar lo nuevo. Al seguir el camino de la alegría, puedes aprender a abrirte a lo nuevo mientras estás en un estado de aceptación y paz con lo viejo.

Cuando las cosas no van bien en tu vida, a veces reúnes la motivación y energía para cambiarlas enfadándote o eligiendo el dolor. No tiene por qué ser difícil dejar lo viejo y abrazar lo nuevo. Si empiezas a pensar en lo que quieres, en cómo te gustaría que fuera tu vida, empiezas fácil y automáticamente a atraer lo nuevo hacia ti. Si quieres algo y sólo puede llegar cuando otra persona cambie o actúe de forma diferente, entonces no tienes poder ni control sobre eso. Sólo tienes poder o control sobre tus propias emociones y reacciones.

Si quieres algo nuevo,
estate abierto a que te llegue
de cualquier parte, cualquier lugar,
cualquier persona.

Estate abierto a las sorpresas y a las cosas nuevas. Mantén tu corazón abierto. Algunos de vosotros experimentáis un sentimiento de vulnerabilidad o miedo cuando pensáis en traer nuevas personas o cosas nuevas a vuestras vidas. Lo que llamáis tensión o ansiedad antes de un acontecimiento, puede considerarse como una forma de concentrar la energía para algo nuevo. Este cambio en tu vibración te prepara para algo que es más fino y elevado en tu vida. Puede que sientas que primero debes conquistar el miedo y la ansiedad antes de salir y lograr algo. Todo el mundo tiene ese sentimiento interno de tensión en algún grado antes de intentar cosas nuevas; es un período de acumulación de energía para hacer el cambio a una vibración más elevada.

Todo lo que te ocurre te ayuda a llevarte a un elevado nivel de evolución. Incluso las cosas que llamas negativas o malas ocurren para mostrarte nuevas formas de responder, de modo que puedas estar más equilibrado, pacífico y alegre en el futuro. Si parece que el mismo problema o situación está ocurriendo una y otra vez, sé consciente de que cada vez ocurre de una manera nueva. Abraza lo que es nuevo en ese patrón o situación y mira cómo has conseguido llevarlo a un nivel más elevado. Tal vez seas más consciente de ello que antes o que seas capaz de entenderlo mejor. Puede que estés menos implicado emocionalmente y seas más capaz de observar la pauta. Cada día trae consigo nuevas circunstancias, retos y actividades que te dan la oportunidad de crecer.

Una actitud de apertura y receptividad atraerá hacia ti muchas cosas buenas. Deja de temer que el futuro pueda significar tener menos de lo que tienes ahora o que te quite algo. Ábrete a la idea de que mañana serás más sabio, más fuerte y más poderoso y que todo lo que crees será aún mejor que lo que ya tienes. Ábrete a nuevos conceptos y palabras. A menudo son la forma en que el Universo te trae las guías y señales de tu próximo paso.

Puedes experimentar la apertura a lo nuevo de muchas maneras. Muchos de vosotros tenéis una necesidad de vitalidad, emoción y aventura. A menudo culpáis a vuestra pareja porque la vida parece aburrida y rutinaria, o culpáis a vuestro trabajo por su monotonía. Puedes crear esa sensación de vitalidad en todo lo que haces, y puedes hacerlo de forma sencilla. Cambia tu rutina matutina, levántate antes, acuéstate más tarde o cambia lo que haces al llegar a casa después del trabajo. Incluso cambios menores pueden estimular la sensación de vitalidad.

Cada vez
que abrazas algo nuevo,
traes a ti mismo
una sensación de vitalidad.

Al abrazar cosas nuevas, tu corazón se expande y literalmente empiezas a revitalizarte y a rejuvenecer tu cuerpo. La vida siempre busca crecimiento, expansión y evolución. A medida que experimentas lo nuevo, puedes ver más de lo que eres. No necesitas hacer que lo viejo sea malo; más bien crea lo nuevo en lo viejo. Sólo cuando no ves lo nuevo en lo viejo, cesa el crecimiento y las relaciones se vuelven aburridas.

Es posible que hayas visto a personas que llevan muchos años juntas y que actúan de forma vibrante, joven y enamorada. Si examinas la relación, descubrirás que están haciendo cosas nuevas, creando nuevos proyectos que aportan una sensación de vitalidad a su vida personal. Es probable que estén conquistando nuevos territorios, abriéndose a la aventura y sintiéndose vivos individualmente de la manera que sea apropiada para ellos.

Las personas que llevan mucho tiempo juntas y parecen irritadas o aburridas la una de la otra a menudo se dan por satisfechas. Puede que se vayan a la cama a la misma hora todas las noches, se despierten y vayan al mismo trabajo, y hagan las mismas cosas el fin de semana. Todo eso lleva a una sensación de contracción alrededor del corazón y una sensación de aburrimiento y muerte en el interior, que luego se refleja en la relación.

Abrirse a lo nuevo es una forma de sentirse más joven, de ampliar el sentido infantil de la maravilla y el asombro. A medida que envejecen, muchas personas constriñen sus límites; suelen buscar lo que es cómodo, familiar y seguro. Su mundo se vuelve cada vez más estrecho y limitado. La vida se convierte en una cuestión de centrarse en lo insignificante en lugar de en lo grande. Has visto a esas personas cuyas preocupaciones son tan insignificantes que no las tomas en serio o personas que se centran tanto en lo que es malo e incorrecto en el mundo que se vuelven temerosos de lo nuevo y ya no experimentan la alegría. Han dejado de ampliar el panorama de sus vidas y han dejado de abrazar todo el potencial que hay en su interior.

Cada día hay un nuevo tú.

Cada mañana, cuando te levantas, literalmente naces de nuevo. Cada día hay cosas nuevas en tu mente, gente que conocer, cosas que hacer. Cuando te levantas y empiezas el día, no necesitas pensar en el pasado y recordar los errores; concéntrate, en cambio, en el futuro y en lo que vas a crear.

Prueba nuevas rutinas cada día. Cuando haces cosas nuevas estás consciente y atento al momento presente. Estás prestando atención, totalmente alerta. Hacer cosas nuevas es estimulante para el cuerpo físico. Intenta llevar esta misma atención a lo que haces normalmente para experimentar actividades familiares en nuevas formas.

Haces muchas cosas sin tener que pensar conscientemente en ellas. Tu respiración y muchas de tus funciones corporales se controlan automáticamente. Cuando eres un niño, tu sistema nervioso se desarrolla de tal manera que aprende a seleccionar la información, porque si entra demasiada, hay una falta de concentración. En el desarrollo de tu ser, hay un equilibrio aprendido entre centrarse en las cosas a las que hay que prestar atención y no desviarse con datos irrelevantes, triviales y constantes. Cuando eras niño, desarrollaste una conciencia selectiva, dejando de lado muchas cosas de tu universo para poder sintonizar con otras.

La capacidad de hacer muchas cosas de forma rutinaria y habitual sin pensarlo mucho te proporciona más tiempo y energía para centrarte en cosas nuevas que sí que requieren pensamiento y atención. Sin embargo, muchos de vosotros reaccionáis automáticamente ante las cosas que deberíais examinar. Algunas de las cosas que hacéis de forma rutinaria sin cuestionarlas pueden estar creando malestar y falta de bienestar.

Intentar cosas nuevas puede llevarte a reexaminar todas las cosas habituales y rutinarias que das por sentadas. Algunas personas eligen trabajos que implican peligro o tensión para poder experimentar la conciencia y la atención necesarias para seguir vivos. Estos trabajos les obligan a vivir en el momento presente, concentrados y totalmente alerta, como los pilotos de carreras y los alpinistas. La sensación de vitalidad se produce cuando no se trabaja en modo automático, sino que eres plenamente consciente de cada acción. No es necesario dedicarse a trabajos peligrosos para sentirse vivo. A medida que abrazas lo nuevo, empiezas a traer a la conciencia aquellas cosas que pueden haber sido rutinarias. Entonces puedes experimentar la conciencia del tiempo presente y vivir el momento.

El poder viene
de vivir en el momento presente,
en el que puedes actuar
y crear el futuro.

Al abrazar lo nuevo, recuerda que las cosas siempre van a mejorar. El Universo no quita nada a menos que esté llegando algo mejor. A cada ciclo descendente le sigue un gran salto hacia delante. Es fácil abrazar lo nuevo. Juega como un niño. Has visto cómo los niños abrazan todo como una nueva experiencia. Puede ser fácil abrirse y abrazar lo nuevo si te lo imaginas como algo fácil. Mantén en tu mente una imagen de que el futuro es positivo y que será mejor que cualquier cosa que hayas conocido. A medida que crezcas y evoluciones, lo que creas será aún más alegre que lo que tienes ahora.

Hoja de actividades

1. Piensa en al menos tres cosas, habilidades o experiencias nuevas que hayas traído a tu vida el año pasado. Al enumerarlas, piensa en cómo te sentiste cuando las aprendiste o las incorporaste a tu vida.

2. Desde la perspectiva actual, ¿cómo te sentiste al hacer estas cosas nuevas, al aprender estas nuevas habilidades o tener estas nuevas experiencias? ¿Qué nuevas oportunidades surgieron al adoptar lo nuevo en estas áreas?

3. Ahora, piensa en al menos tres nuevas experiencias o habilidades que te gustaría incorporar a tu vida el próximo año. Establece tu intención de hacer estas cosas, únete a tu ser más íntimo, a tu alma y a tu yo más elevado, ábrete a su luz y a su energía, y afirma que traerás estas nuevas experiencias, oportunidades y habilidades a tu vida.

Práctica diaria de la alegría

Ábrete a la alegría de lo que te espera hoy, mañana o incluso durante la próxima hora. Afirma que estás preparado para abrazar lo nuevo, para ser consciente de nuevas formas de sentirte más vivo, revitalizado y presente en cada momento. Libera cualquier imagen preconcebida de lo que podría ser tu día y experimenta el día con frescura, permitiendo que las cosas sean diferentes de lo que podrías haber esperado o planeado. Decide ser más espontáneo y estar abierto a todas las posibilidades que se presenten.

Conecta con tu yo más íntimo y pídele ayuda para adoptar nuevas formas de sentir, ser, hablar y actuar hoy mismo. Estate atento a nuevos pensamientos, actividades y experiencias nuevas y creativas. Explora cómo puedes hacer de una manera nueva e innovadora algo que normalmente haces. Si te das cuenta de que estás haciendo algo por costumbre, detente, conecta con tu yo más íntimo y pide que te muestre una nueva forma de actuar. Permite que entren en tu mente ahora mismo algunas imágenes y pensamientos sobre cómo puedes experimentar y abrazar hoy tu nuevo yo.

Siente la alegría de abrazar lo nuevo hoy. Observa cómo cada día es un nuevo comienzo, un nuevo capítulo en tu vida. Cada día eres un nuevo tú, más fuerte y más amoroso, con más sabiduría y más comprensión. Siente la mayor vitalidad que surge con sólo pensar en traer energía fresca a tu vida y vivir de nuevas maneras. Te estás expandiendo hacia un futuro más elevado de posibilidades infinitas.

AFIRMACIONES

Amplío mi capacidad de alegría abrazando lo nuevo.

Creo en mí mismo.

Soy el director y productor de mi vida.

Libero pacífica y amorosamente las situaciones y relaciones que no son para mi elevado bien.

Todo en mi vida me lleva a un nivel elevado de evolución.

Veo cada situación como una oportunidad para crecer más fuerte y más alegre.

Estoy abierto y receptivo a experimentar nuevas situaciones, personas y actividades.

Experimento una mayor vitalidad a medida que acepto lo nuevo.

Estoy creciendo, expandiéndome y evolucionando.

Todo lo que hago me llena de energía. Me alegro de estar vivo.

Presto toda mi atención a lo que estoy haciendo o diciendo.

Soy consciente y estoy al tanto del momento presente.

Atraigo experiencias frescas y positivas.

Acepto lo nuevo, sabiendo que mi vida siempre mejora.

Mi futuro es alegre y prometedor.

Soy receptivo a las infinitas, expansivas y maravillosas posibilidades que existen para mí.

Tengo muchos pensamientos, percepciones y experiencias nuevas.

Estoy creciendo y expandiéndome de forma alegre y equilibrada.

Amo el crecimiento. Estoy en el camino de la iluminación.

CAPÍTULO XVI

Dar un salto cuántico

Las nuevas ideas y los movimientos hacia delante no siempre llegan de la forma que la mente espera. Al imaginar el mayor bien para ti, es importante que utilices tu mente para ir hacia arriba. Primero, deja que tu mente se haga con las imágenes iniciales de lo que quieres. A medida que la mente crea imágenes, esas imágenes van hacia arriba y hacia la luz del alma, hacia tu ser más íntimo. El alma entonces le da a la mente nuevas ideas y visiones. A veces puede parecer que piensas en lo que quieres, y cuando lo obtienes, es diferente de lo que pediste en un principio. Esto se debe a que la mente, al pedir algo, activa automáticamente los recursos del yo mayor. Cuando la petición vuelve, lo hace en su forma superior.

Te preguntarás por qué algunas de las cosas que pides tardan mucho en llegar. Los saltos cuánticos tienen que ver con el tiempo y con tu capacidad de manifestación. Los saltos cuánticos ocurren cuando haces grandes cambios que afirman tu vida y pasas de una forma de ser a otra. A menudo implican un cambio importante en tu perspectiva, un abandono de alguna creencia importante o una apertura a una comprensión más elevada que cambia tu vida.

Dar un salto cuántico puede implicar cambiar tus deseos o dejar ir una existencia cómoda y segura y asumir un riesgo. Puede significar comprometerte a traer algo mejor a tu vida, a creer en ti mismo y a transformaciones internas que también pueden llevar a muchos cambios a tu vida diaria.

Si vuelves a mirar lo que has pedido en el pasado, verás que muchas de las cosas que no has conseguido, ya no las quieres, y las cosas que eran para tu bien elevado, las tienes. Algunas de las cosas que te estás preparando para tener pueden llegar más tarde o venir de una forma diferente a la que esperabas.

Tu alma te muestra cómo conseguir las cosas, no a través de la mente, sino a través de tus sentimientos, mensajes internos y emociones. Después de tener claro lo que quieres crear, escucha tus impulsos espontáneos y creativos. Puede parecer que no tienen relación con el objetivo que quieres alcanzar. Puede parecer como si, por ejemplo, te propusieras alcanzar un gran éxito financiero, y de repente quieras tomarte el verano libre y estudiar otra cosa, o pierdas tu trabajo.

A medida que confíes en tus impulsos internos y estudies otra cosa, puede que encuentres nuevas ideas que acaben aportándote la riqueza que deseabas. Mientras buscas un nuevo trabajo, puede que encuentres uno aún mejor que el que tenías. O puedes descubrir que ahora tienes más tiempo para explorar quién eres y qué deseas realmente en la vida, o tal vez descubras un nuevo hobby o nuevas habilidades. Puede que decidas montar tu propio negocio. Tu alma siempre te dice cuál es el camino más elevado, más expansivo y mejor, pero tú tendrás que dar un salto de fe, confiar en tu guía interior y actuar en consecuencia.

Si vas a realizar
un cambio importante en tu vida,
querrás cambiar
esas creencias que te impidieron
tenerlo en el pasado.

Si tienes muy clara tu intención de ir de un lugar a otro –por ejemplo, de un nivel de prosperidad financiera a otro, o de un nivel de éxito creativo a otro–, entonces deberás realizar cambios en ti mismo. Porque si ya hubieras alcanzado la comprensión, la sabiduría y la conciencia que son necesarias para crear estas cosas, no necesitarías hacer nada. Ya tendrías lo que deseas. Una mujer dijo: «Quiero ser millonaria. Hoy no puedo pagar el alquiler, pero quiero ser millonaria, y me gustaría tenerlo tan pronto como sea posible». Si ella creyera que puede tenerlo, ya lo habría conseguido en ese momento. Cuando pides un salto cuántico al Universo, la petición va hacia arriba, desde tu mente hasta tu espíritu, la parte más interna de tu ser. Tu espíritu entonces comienza a emitir señales a tu mente, diciéndote cómo crear los cambios que quieres. Ahora, debes prestar atención a esas señales. Los cambios tendrán que ocurrir en muchos niveles para que consigas este nuevo paso.

Por ejemplo, en nuestro caso de mayor prosperidad financiera, la mujer podría necesitar aprender muchos de los principios para crear dinero. Por lo tanto, su alma puede indicarle que lea muchos libros o enviarle a alguien que pueda enseñarla e instruirla si no está dispuesta a dejar de lado sus imágenes pasadas de falta de dinero. Puede ser que su corazón aún no esté lo suficientemente abierto como para creer que puede recibir y merecer esa cantidad de dinero. Se le enviarán muchas lecciones para ayudarla a abrir su corazón. De hecho, su nivel de confianza puede estar tan poco desarrollado que su capacidad de ganar dinero no puede darse hasta que desarrolle más fe y confianza en sí misma.

Pidas lo que pidas, puede que tengas que desprenderte de algo para conseguirlo. Si has pedido dinero, puede que tengas que desprenderte de tus imágenes de la falta de él, de todas las formas de vivir que reflejan esas imágenes, y de las formas en que gastas y ahorras. Tu alma te proporcionará muchos retos y oportunidades de crecimiento para ayudarte a dejar de lado esas imágenes de carencia. El dinero puede venir al principio en pequeñas cantidades para que puedas demostrar tu voluntad de gastar en aquellas cosas que crean prosperidad. Con el tiempo, al cambiar tu energía, al reescribir tus programas, decisiones y creencias, las ideas comenzarán a fluir –ideas específicas y concretas sobre cómo crear el dinero y la abundancia que buscas–. Puede que pasen uno o dos años, o incluso más, antes de que aclares tus programas sobre la falta de abundancia lo suficiente como para que las ideas específicas lleguen. En ese momento, serás más capaz de crear muchas formas de atraer la riqueza y refinar esas ideas hasta que se conviertan en un hecho en tu vida.

Algunas personas dejan de intentarlo cuando algo no llega inmediatamente, porque sus mentes no pueden ver la conexión entre las lecciones que están ocurriendo y su petición de un cambio importante. Sus mentes pueden incluso interpretar algunos de los acontecimientos como si éstos les llevaran en la dirección equivocada. Aunque pidan algo una y otra vez, puede parecer que ocurre lo contrario. Sin embargo, si las personas observan cuánto están creciendo al experimentar que parecen ser lo contrario de lo que quieren, verán que en realidad estos acontecimientos están trabajando en su energía y abriéndolos a ciertos caminos para tener lo que piden.

Por ejemplo, un hombre pidió un aumento del 100 % de su salario mensual. Poco después, su jefe le redujo el sueldo debido a problemas empresariales. Parecía que estaba recibiendo lo contrario de lo que había pedido. Sin embargo, empezó a pensar en montar su propio negocio en un campo relacionado, algo que llevaba años queriendo hacer. El recorte salarial se convirtió en una motivación para seguir adelante y montar su propio negocio. Finalmente, consiguió los ingresos que pedía, varios años después, en su propio negocio.

Como puedes ver, el cambio es mucho más complicado que simplemente pedir algo y que te llegue. Es posible que tengas que ir hacia dentro, ampliar tu fe y tu confianza, y abrir tu corazón. Es posible que tengas que confiar en tu guía interior y en tus impulsos para pasar de tu actual nivel de abundancia a uno mayor. También es posible que tengas que dejar de lado muchas imágenes antiguas sobre quién eres. Tendrás muchas oportunidades de crecimiento que se te ofrecen para cambiar esas imágenes mentales. A nivel del alma, siempre es una alegría crecer, y el alma siempre se preocupa de que crezcas. Ya sea que estés creciendo a través del dolor o del gozo, el crecimiento es la meta final. El crecimiento es necesario para tener lo que has decidido que quieres. El alma deja que tu mente opere con mucho libre albedrío para elegir qué objetivos vas a lograr o qué saltos cuánticos deseas. Cuanto más elevado sea el objetivo de tu mente, más experimentarás el crecimiento espiritual que tu alma te ofrece.

Tu alma a menudo te habla a través de tus emociones dándote un sentimiento o un impulso para hacer algo que te llevará a lograr tus objetivos o para que te atraiga algo que has estado deseando. Cuando experimentas fuertes sentimientos e impulsos para hacer algo, es importante que actúes sobre ellos. Tu mente puede inventar razones por las que no deberías seguir un impulso, ya que tu mente sigue los programas familiares que conoce. Tus impulsos más íntimos provienen de tu alma, que tiene una visión mucho más amplia de tu elevado bien y conoce formas de llevarlo a cabo que tu mente ni siquiera puede concebir. Tu corazón y tus sentimientos a menudo te llevan en direcciones que tu mente no puede anticipar.

Toma una decisión, al dar un salto cuántico, y sigue tu guía interior, los impulsos internos de tus sentimientos, tu corazón y tu alma. Deja que tu mente tenga el papel de establecer un objetivo o una intención clara, y toma la decisión de lograrlo. Entonces tu alma puede salir en todas las direcciones y hacerte magnético a las coincidencias, personas y eventos que crean lo que quieres. Esto sucede más allá del nivel de la mente; tienes que seguir tus impulsos internos, tu guía elevada y tu corazón para unirte a este flujo.

Puedes elegir
la rapidez con la que
desees que ocurra.

Para acortar el tiempo que transcurre desde que pides lo que quieres hasta que lo recibes, es preciso que tengas claros tus objetivos. Algunos de vosotros sois tan inespecíficos que vuestra mente vaga, sin hacer nunca peticiones claras a vuestra alma, por lo que vuestra alma pasa mucho tiempo guiando a vuestra mente para que aclaréis lo que queréis. Cuanto más exacta y precisa sea la declaración de lo que quieres en cualquier área de tu vida, más rápido lo tendrás. Puede que no lo consigas en la forma precisa en que lo pediste, pero tu alma creará para ti la esencia de lo que quieres. Te lo traerá de la mejor forma, en el momento oportuno y de manera que contribuya positivamente a tu vida.

Al ser preciso, estás formulando la esencia. La esencia es el crecimiento que buscas en cualquier salto cuántico, y te sugiero que tomes cualquier cosa que hayas pedido y preguntes: «¿Cuál es su esencia?». Si observas lo que ya has intentado crear, verás que siempre has obtenido la esencia de todo lo que has pedido. Por ejemplo, si deseaste una relación amorosa, puede que hayas deseado simplemente sentirte amado. Tu alma puede darte amor de muchas maneras, tal vez a través de un amigo íntimo, un hijo o una mascota, tal vez a través de un ascenso o en cualquiera de las formas en que aceptas el amor. Si quieres crear un cuerpo más en forma, la esencia de lo que quieres puede ser más amor propio. Si estás dispuesto a buscar la esencia en tus saltos cuánticos, podrás lograrlos mucho más rápidamente.

Si tienes la tentación de volver al pasado y decir: «Bueno, yo quería esto, pero no lo conseguí», mira el núcleo, la esencia, de lo que pediste. Yo diría que lo has tenido de muchas maneras. El alma es muy creativa interpretando tu petición. El alma tiene que ser creativa, porque la mente es bastante estrecha en su capacidad de pedir. El alma toma cualquier petición de crecimiento y la expande en todas las direcciones que puede.

A menudo son necesarios los cambios emocionales para dar un salto cuántico.

Cuando tus emociones son pesadas y tristes o negativas, el aura que rodea tu cuerpo se hace densa. Es como conducir con el parabrisas sucio. No puedes ver claramente o lejos. La luz de tu alma no llega con fuerza. Tu alma te guiará para que mires las áreas de tu vida que están creando perturbaciones emocionales y a dejar de reaccionar ante ellas. Encuentra formas de calmar tus emociones, porque las emociones calmadas aceleran el tiempo que tardas en alcanzar tus objetivos. Cuando estás tranquilo y en paz, tu alma viene a través de tus emociones para darte esa guía interior. El alma te guía a través del cuerpo emocional, en los impulsos, las percepciones y esos sentimientos que te llevan a nuevos escenarios.

Dar un salto cualitativo no significa buscar el alivio de la preocupación o la decepción, sino crear placer y alegría. Mira hacia atrás, a aquellos momentos en los que hiciste algo grande, y verás el nivel de motivación y deseo que te llevó a crearlo. A menudo dices: «*Debería* hacer esto, o crear esto o aquello, para ser feliz». Si hacer esas cosas sólo te aporta una sensación de alivio, tus objetivos probablemente seguirán siendo un *deberías* y no se convertirán en un hecho consumado. Para dar un salto cualitativo, necesitas una gran motivación, deseo y una verdadera pulsión interna para crear tus objetivos. Para tener éxito, tu objetivo debe ser algo más que una cosa bonita que hacer o algo que simplemente te haga sentir bien. Tiene que ser algo que puedas apoyar a todos los niveles, que tus emociones te emocionen, algo que realmente quieras hacer, que tengas la intención de hacer y que te comprometas a llevar a cabo.

Que no te guste la pobreza, por ejemplo, no es suficiente para salir de ella. Es necesario desear y amar de verdad ganar dinero si quieres más de él. No puedes conseguir lo que quieres odiando la falta de ello. Así que pregunta, cuando veas el salto cuántico que quieres dar, cuál es tu motivación. Si ves que no hay más motivación que la de aliviar los malos sentimientos sobre lo que eres, pregunta: «¿Qué puedo crear como motivación?». Aquellas cosas que creas y hacia las que te diriges son cosas de las que te sientes altamente cargado, que te traen gran alegría y deleite. Siempre puedes encontrar el dinero para algo que quieras hacer. Siempre puedes encontrar el tiempo para hacer algo que te entusiasme. Lo mismo ocurre cuando se da un salto cuántico. Si tienes un área en la que crees que deberías hacer un gran cambio pero aún no lo has hecho, pregúntate si realmente tienes la intención de hacerlo. Conoces la diferencia.

Si estás trabajando para dar saltos cuánticos que aún no se han producido, sé consciente de que todo lo que estás haciendo ahora mismo en tu vida te está acercando. Entra en tu interior por un momento y pregúntate: «¿Qué salto cuántico estoy en proceso de dar? ¿Y cómo puede ser que algo que ha sucedido en la última semana o incluso hoy me esté preparando para tenerlo?».

La mente funciona mejor
si tiene puntos de referencia fijos
para marcar su progreso en el camino.

En cierto modo, la mente es como un niño. Los niños no quieren pensar en el instituto cuando tienen dos años. Quieren pensar en la comida o en sus amigos. La mente es igual. Crea algo que sea delicioso hoy o mañana: una pequeña acción que te acerque a tu objetivo. A la mente le gusta tener marcadores y sentir una sensación de logro. ¿Qué sería delicioso para ti crear hoy o mañana que te acerque a tu objetivo?

Al mismo tiempo, pregúntate: «¿Hay algún impulso interno que tenga ahora mismo sobre algo que quiero hacer que he estado posponiendo?». ¿Hay algo que hayas estado pensando que podría llevar demasiado tiempo o que podría desviarse del camino?

De esta manera puedes empezar a trabajar con tus emociones y tu mente para dar un salto cuántico aún más cerca. Si cada día te levantas y dices: «¿Cuál es mi urgencia interior, mi propósito de hoy?», y te preguntas: «¿Qué puedo crear para que mi mente pueda ver que estoy actuando para acercarme a mi objetivo?», habrá mucho mayor progreso en tu salto hacia delante. A la mente le gusta tener la sensación de que ha logrado cosas. Las emociones también son mucho más felices cuando pueden ver el progreso. Ten en cuenta que los pasos que des pueden no ser los necesarios. Sin embargo, pueden ser bastante satisfactorios y aportan una sensación de avance. La mente a veces es incapaz de relacionar lo que está ocurriendo –las llamadas telefónicas, los problemas y oportunidades que surgen– con el movimiento hacia delante.

A menudo se tiene una gran imagen o visión, pero cada pequeña pieza del rompecabezas está sucediendo en el tiempo presente y puede parecer que no encaja en el conjunto. Incluso un comentario que te hace un amigo, una llamada telefónica o algo que has leído puede formar parte de tu movimiento hacia delante. La mente, al no conocer todas las áreas a las que te estás abriendo o todas las creencias que estás cambiando, a menudo no puede ver el patrón y el movimiento hacia delante. Puede pensar que no estás creciendo o alcanzando tus objetivos. Si te impacientas o no te crees nada, esto puede nublar tus emociones y hacer que dar un salto cuántico sea más difícil. Si puedes darle a tu mente la satisfacción de haber realizado una acción, ésta puede ayudar a tus emociones.

Pregúntate qué paso te gustaría dar hacia tu objetivo. Pregúntate a ti mismo si hay algún impulso interno que hayas recibido para algo que podrías hacer en el próximo mes. Ni siquiera tiene que parecer relacionado con tu objetivo. Entonces toma la decisión de hacerlo.

HOJA DE ACTIVIDADES

1. ¿Qué salto cuántico te gustaría dar en tu vida?

2. ¿Hay algo que tendrías que dejar ir para lograrlo, como una creencia, actitud, cosa o persona?

3. ¿Cuál es la esencia de este objetivo? ¿Existe alguna otra forma que le proporcione la esencia de lo que quieres?

4. ¿Cuál es tu motivación para lograr este salto cuántico?

5. A menudo, los impulsos internos o los susurros de tu mente están relacionados con tu salto cuántico, aunque no parezcan estarlo. Reflexiona sobre cualquier impulso interno que hayas tenido.

6. ¿Qué paso concreto, por sencillo que sea, puedes dar en la próxima semana hacia tu objetivo?

PRÁCTICA DIARIA DE LA ALEGRÍA

Tienes la capacidad de acelerar tu crecimiento espiritual y hacer grandes progresos en cualquier área de tu vida, y puedes hacerlo de forma pacífica y con alegría. Puedes crear cualquier cosa que necesites para tu más alto bien y traerlo a tu vida en su mejor y más elevada forma. Una práctica diaria para dar un salto cuántico es fortalecer tu creencia en ti mismo y dejar ir las creencias limitantes que te frenan. Invoca a tu ser más íntimo ahora mismo para que te ayude a tener pensamientos que te muestren por qué puedes tener lo que quieres. Éstos son pensamientos que fortalecen tu creencia en ti mismo y en tu capacidad de manifestar. Has de saber que tu verdadero ser interior siempre responde cuando le pides ayuda.

Hoy te construirás a ti mismo de todas las maneras que puedas imaginar. Te harás a ti mismo lo correcto en lugar de lo incorrecto. Cambiarás lo negativo por lo positivo. Creerás en ti mismo y confiarás en tu guía interior. Reconocerás que tienes la motivación y el impulso interior necesarios para dar un salto cualitativo. Reconocerás que todo lo que estás haciendo te está acercando a tus objetivos de alguna manera.

Hoy, afirma que no permitirás que entren en tu mente dudas, preocupaciones o imágenes negativas. Recordarás tus éxitos pasados y confiarás en que todo ocurre por tu elevado bien. Este día es una celebración de ti y de tu capacidad de dar un salto cuántico.

AFIRMACIONES

Sé qué pasos debo dar para acercarme a mis objetivos, y los doy.

Mi alma me guía en todo lo que hago.

Confío y actúo según mi guía interior.

Crezco a través de la alegría.

Pido lo que quiero. Estoy abierto a recibirlo de cualquier manera
o forma que sea para mi elevado bien.

Ya no permito que entren en mi mente dudas, preocupaciones
o imágenes negativas.

Libero las creencias limitantes y me abro a nuevas creencias
potenciadoras.

Todo lo que hago me acerca a mis objetivos.

Sé que todo ocurre por mi elevado bien.

Confío en el Universo. Sé que el mundo es seguro y trabaja para mí.

Acepto la abundancia, y ésta viene a mí ahora.

Tengo el poder de crear lo que quiero.

Expreso claramente lo que quiero.

Tengo la motivación y el impulso interior necesarios para dar un salto cuántico.

Creo en mí mismo.

Soy una persona de éxito. Reconozco todos mis éxitos.

Conozco la esencia de lo que quiero y me propongo conseguirlo.

Creo en el placer y la alegría en mi vida.

CAPÍTULO XVII

Vivir en el propósito elevado

El propósito elevado es una corriente de energía a la que te unes cuando creas algo que sirve a la humanidad o a tu propia evolución espiritual. Sin un propósito superior, eres un vagabundo que deambula, tomando varios caminos con muchos giros erróneos, lo que te lleva a perder el tiempo. Con un propósito elevado, puedes elegir cada momento, sabiendo qué hacer con cada hora, cada día y cada semana. Vivir con un propósito elevado te permite crecer y evolucionar rápidamente en esta vida.

Todo el mundo en la Tierra tiene un propósito elevado. Has venido a la Tierra para formar parte de un sistema de energía que se ocupa de las emociones, la personalidad y los pensamientos, que implica ver lo que hay dentro de ti reflejado en el mundo exterior.

Hay otros universos en los que las formas van y vienen más rápidamente; casi al minuto de ser pensadas, aparecen y desaparecen. Las cosas se mueven más lentamente en el plano terrestre. El tiempo se ralentiza literalmente para que puedas concentrarte en ciertas cosas. Te has segmentado en un marco de tiempo determinado llamado *del nacimiento a la muerte*, y estás trabajando en energías específicas. Estoy hablando del marco más amplio del universo, porque en comparación con otras dimensiones y reinos, el plano terrestre es muy lento. La onda de su nota es muy larga para que puedas experimentar la materia. Desde esa perspectiva, quieres evolucionar hacia la frecuencia más alta de esta nota para que puedas ir a otros lugares donde las reglas cambian. Hay lugares donde eres más un ser de energía pura, sin estar atado al mundo concreto del tiempo, el espacio y la materia.

Aquí en la Tierra tus pensamientos crean y se convierten en realidad. Diré que tu mundo es como un mundo de pensamiento congelado. Se necesita más tiempo para crear la forma, y para algunos de vosotros, incluso más tiempo para dejarla ir. Como el tiempo en este plano es lento, debéis practicar la economía de energía, y ésa es una de las razones por las que puede parecer que se tarda tanto en crear lo que deseas.

Si te centras en tener algo, puedes ir directamente a por ello con un propósito. Puede que aún pasen años antes de que alcances tus objetivos, pero tener un propósito elevado ahorra tiempo. Cuando vives tu propósito elevado, comprimes el tiempo, aceleras tu evolución para convertirte en tu alma, y elevas tu vibración. Cuanto más conozcas tu propósito, menos energía desperdiciarás y más rápido podrás ir hacia arriba.

En última instancia, el propósito elevado es la evolución espiritual. Un nuevo hogar, la conclusión de un proyecto, no es la meta del crecimiento. El proceso por el que creas estas cosas y el crecimiento que te proporciona –las nuevas habilidades que adquieres, las intuiciones, la apertura de tu corazón cuando amas, la nueva apreciación de la belleza de tu jardín cuando surgen las flores o las cosechas, los sentimientos cuando terminas un proyecto, el enfoque y la concentración cuando trabajas–, esto es un propósito elevado, esto sí es la evolución.

El crecimiento espiritual significa
aumentar tu conciencia
de la belleza, abrir tu corazón
y experimentar más amor
y compasión.

Cuando hablo de propósito elevado, hablo de propósito del alma, que significa equilibrar todas tus energías y armonizar tu ser con la nota de tu alma. Cada uno de vosotros tiene un sonido de alma, una nota; cuanto más podáis expresarlo en el mundo a través de vuestra voz, más podréis crear formas en el mundo exterior que coincidan con vuestro ser interior. Puedes empezar dejando que los sonidos salgan de tu boca hasta que encuentres un sonido bello y confortable. Te darás cuenta de que, a medida que haces sonar tu nota, empiezas a respirar más profunda y rítmicamente. Esto te ayudará a limpiar tu aura y a elevar tu vibración para que suenen hermosas notas confortables. Este proceso armonizará las distintas partes de tu ser.

La evolución se produce de muchas maneras, dependiendo del lugar en el que te encuentres en tu camino. En última instancia, las almas comienzan en la Tierra en las energías más densas y trabajan sus energías más elevadas y sutiles.

Algunos de vosotros pasáis a las energías más elevadas y más sutiles muy rápidamente, mientras que a otros les lleva más tiempo. ¿Cuáles son algunas de las cosas que hacen que se tarde más en crecer? Una es la incapacidad de dejar ir la forma cuando no hay esencia detrás de ella. Cuando la razón de una forma que has creado desaparece, es el momento de dejarla ir. Has visto esto en las relaciones, con aquellos que se aferran a la cáscara de una relación cuando la energía vital ha desaparecido de la conexión.

Otra cosa que frena tu evolución es la falta de propósito. Si miras hacia arriba, con la intención de ir más alto, entonces lo harás, si ése es tu propósito. Luego puedes tomar cada situación de tu vida y preguntarte: «¿Esto evoluciona y me lleva más alto, o no?». Si no lo hace, puedes preguntarte de nuevo: «¿Hay alguna manera de cambiar esta situación o de estar con esta persona de forma que pueda crecer?».

Puedes encontrar y vivir en un propósito elevado sin importar la situación en la que te encuentres actualmente. Puedes salir de las energías más densas de las emociones pesadas, el miedo o el dolor. El plano terrestre puede ser un lugar hermoso para experimentar. La capacidad de disfrutar de los sentidos, de escuchar sonidos, tocar, sentir y conocer el amor, puede llevar a experiencias gozosas. Puedes salir de la separación. De muchas maneras creas separatividad y soledad. En vuestro universo no sólo tenéis cuerpos individuales, sino que a menudo os sentís separados de vuestro verdadero ser. Por ejemplo, cada vez que tienes una duda pensando que no eres lo suficientemente bueno o fuerte, has creado separación de tu ser elevado. El camino de tu alma es unir todas tus partes y fundirte con tu ser elevado.

También puedes hablar de propósito en términos de las cosas concretas que deseas lograr. Te recomendaría que primero te preguntaras: «¿Cuál es la esencia detrás de la forma».

Por ejemplo, si quieres montar un negocio, ¿cuál es su propósito más elevado? ¿Cómo sirve al planeta? ¿Cómo te sirve a ti? Si quieres alcanzar un objetivo financiero, primero puedes preguntarte cuál es la esencia de ese objetivo. ¿Cómo sirvo a mi elevado propósito al crear esa forma? Si quieres dinero para sacar tu trabajo al mundo para crear un proyecto que sanará a otros, si simplemente quieres ser un vehículo de sanación (no por razones egoístas), entonces el Universo te enviará dinero en abundancia. Cualquier cosa que busques poseer o retener frenará tu crecimiento. El Universo, en su forma amorosa y gentil, tratará de evitar que lo tengas o lo dejará por sí mismo. Si todavía tienes cosas a las que te aferras mucho tiempo después de que te sean útiles, te encontrarás viviendo en una energía más dura, más pesada, de más lucha.

La vida no tiene por qué ser dura.

Puedes crear alegría suavizando tu energía. ¿Qué quiero decir con suavizar? Cuando la gente se enfada contigo, puedes responder fácilmente con ira y dureza. Por el contrario, también puedes ablandarte tanto que los mires con profunda compasión. Esto separa tu energía de la de ellos al nivel de la personalidad y os conecta en el corazón.

Muchos de vosotros pensáis que tenéis que tener una gran fuerza de voluntad y control sobre vuestra energía. Si vives con un propósito, descubrirás que también vives en armonía con tu energía, sin necesidad de controlarla. En un nivel concreto, esto significa no pasar tiempo ocioso, ni siquiera en tu mente, y resistir la tentación de repasar situaciones pasadas que no te aportaron alegría. De nuevo, hacer sonar tu nota, cantar, es una forma de volver a centrarte. Siente que tu mente se vuelve más clara y libre cuando lo haces. Cuanto más hagas sonar tu nota, más encontrarás una que se sienta en armonía con tu ser. No es algo que se pueda enseñar, sino que es algo que debes encontrar por ti mismo. Es un sonido alegre, cómodo y pacífico, y siempre te sientes mejor después.

Antes de nacer, no decidiste cómo, simplemente decidiste qué energías iban a evolucionar dentro de ti. Las cosas que suceden, las carreras que eliges, las personas que atraes son simplemente el efecto de tu evolución. Son la creación y el producto de la misma. Puede que te confundas pensando que una nueva casa o relación marcan tu progreso. En cierto modo sí, pero tú ya has progresado mucho antes de que esas cosas llegaran a tu vida.

Entra en tu interior durante un momento, siente tu energía y permite que surja un dibujo, un símbolo, imagen, sentimiento o palabra que represente tu propósito aquí. ¿En qué se centra tu crecimiento en esta vida? ¿Cuáles han sido tus principales desafíos? ¿Qué has querido crear desde la forma en tu mundo exterior?

Un propósito elevado es siempre
algo que amas.

Durante el próximo mes, sé más consciente de tu propósito. Siempre es juguetón y alegre. Los propósitos elevados conducen a las energías más sutiles de la vida, como una conexión profunda con un ser querido, la alegre unión de los amigos mientras juegan y la ligereza mientras llevas a cabo las tareas cotidianas. La alegría puede existir en cada momento si estás dispuesto a vivir con un propósito.

Manifestar un propósito elevado significa creer en ti mismo y creer en la bondad del Universo. Si tuvieras que tomar una decisión que te ayudara a manifestar un propósito elevado, sería creer en ti mismo y confiar en el Universo. Desde mi punto de vista, hay tanto amor, hay tanta gente en un radio de veinte millas de tu casa con la que podrías conectar de forma amorosa, y hay tal abundancia de dinero en tu sociedad, que puedes realizar cualquier propósito que elijas.

Una forma de crear el propósito de tu vida es conectar con tu yo interior y sacarlo al mundo a través de tus palabras y acciones. Esta vida te da la oportunidad de vivir con más luz y de vivir con alegría. En el momento de tu muerte, todo lo que hayas conseguido es tuyo. Cada ganancia que obtengas, cada lugar de tu vida en el que insertes amor y alegría, cada lugar en el que encuentres risa, paz y deleite, ya estará presente en tu próxima vida, estés donde estés. Cada vez que hagas evolucionar tu cuerpo comiendo mejor, haciendo más ejercicio, bailando, jugando, concentrándote y trayendo luz, evolucionas también en las vidas futuras. Parte del propósito de la vida terrestre es traer a tu yo elevado y unirte con tu espíritu, tu ser más íntimo, en todos los niveles. Cada uno de vosotros tiene la capacidad de ayudar y sanar a los demás, y la mayoría de vosotros tiene un sincero deseo de hacerlo.

Levántate por la mañana y sostén tu elevado propósito en tus manos como un símbolo. Imagina que estás sosteniendo en tus manos el propósito más elevado que has venido a crear en esta vida. Llévalo a tu corazón. Vierte luz en él; pide la guía y la asistencia de las fuerzas elevadas. Siente que tu energía va hacia arriba y suéltala para que pueda volver a ti. Manteniendo ese propósito en tu corazón, refinas tu cuerpo físico, elevas tus pensamientos hacia arriba y llevas la paz a tus emociones. ¿Cómo te sentirías si cada célula de tu cuerpo reconociera su elevado propósito y estuviera en contacto con él?

Hacer esto es tan poderoso que será efectivo incluso si se hace sólo una vez al año. Estás enviando un mensaje al Universo diciéndole que estás dispuesto a crecer. El Universo te traerá entonces muchas oportunidades para expandirte y evolucionar, y ninguno de tus retos estará nunca más allá de lo que tengas las habilidades y las herramientas para manejar. La Tierra puede ser un lugar muy agradable. Sin embargo, en algunos de los niveles más densos y toscos de energía, puede que no se sienta tan suave.

Aprendes y creces
de todo lo que creas.

Si estás experimentando una crisis en tu vida, puede ser porque experimentar una crisis te acerca a tu alma. Las crisis pueden ocurrir cuando te desvías del camino en algún área de tu vida, como una forma de volver a ponerte en contacto con tu alma y su elevado propósito. Las crisis a menudo dan lugar a que te dirijas a tu interior y hacia arriba para conectar con tu alma, de modo que puedas encontrar soluciones desde un nivel elevado. Si estás dispuesto a vivir en un propósito más elevado, escúchate a ti mismo, conecta con tu alma y actúa de acuerdo con sus susurros, entonces no tendrás que crear crisis o lucha. Ni siquiera necesitas conocer la forma de tu propósito, sino sólo tener la intención de crear un propósito elevado para traerlo a ti. El propósito representa el movimiento del alma, la energía que conecta el cielo y la Tierra. Está marcado por formas concretas: una nueva casa, un matrimonio, esas cosas que has estado buscando. Ésas son sólo las formas externas que marcan el nuevo crecimiento en el alma. Debido a que todos vosotros estáis creciendo tan rápidamente, debéis crear nuevos desafíos para experimentar quiénes sois. Éstos pueden ser oportunidades alegres en los reinos elevados, o pueden convertirse en crisis y lucha en los reinos inferiores.

Si quieres vivir con un propósito más elevado, empieza a convertirlo en un compromiso. ¿Cómo pasas tu tiempo? ¿A dónde van tus pensamientos cuando estás solo? Aprende a mantener un enfoque elevado, a dedicar tiempo a pensar por qué estás aquí y qué tienes que ofrecer a la humanidad. El propósito viene a través de servir al ser elevado, ayudar a los demás y estar dispuesto a llevar a cabo tu visión del servicio más elevado que puedes ofrecer. Piensa en algo que puedas hacer esta semana, algo específico que sepas que forma parte de tu propósito elevado, ya sea un propósito a corto o largo plazo al que estés sirviendo. Estate dispuesto a reconocer, cuando hayas dado este paso, que estás viviendo en un propósito elevado. Cuando lo completes, podrás crear la siguiente cosa nueva que hacer para vivir en un propósito elevado.

A medida que avanza el día, dite a ti mismo que eres una persona hermosa. Ve la belleza que hay en ti. Siente tu fuerza interior, reconoce lo bueno y cariñoso que eres. Siente toda la luz que te rodea. Reconócete a ti mismo, y mientras lo haces, busca tu propósito más elevado. Ya sabes lo que quieres hacer a continuación. Puede que tengas razones por las que no puedes hacerlo, viejos recuerdos y patrones que parecen detenerte, pero sí que sabes lo que quieres. Sácalo a la superficie, sácalo del inconsciente, de los susurros de tu mente, y hazlo realidad. Mantén tu visión frente a ti. Si quieres una vida pacífica y tranquila, ser un buen padre, tener un hombre o una mujer en tu vida que te ame, te valore y te aprecie, saca a relucir esa visión. Toma la decisión de tenerla.

Ten clara tu intención. Si quieres servir al mundo y sacar tu trabajo, si quieres crear prosperidad, abrirte a nueva creatividad y habilidades, siempre hay una parte de ti que sabe cómo hacerlo. Habla con esa parte, pídele que te muestre los pasos que debes dar. Observa tu diálogo interior y escucha los mensajes de esta parte.

Manifestar es una cuestión de confiar y creer en ti mismo y de sostener con firmeza tu visión de lo que quieres crear. Hay muchas tentaciones para dejar de creer y confiar en el Universo y en ti mismo, pero también hay muchas razones para continuar. El Universo a menudo te pone a prueba para ver cuánto crees en tu visión. Todo objetivo es alcanzable si sigues trabajando en él.

Hoja de actividades

1. Hacer sonar la nota de tu alma te infunde las cualidades de tu propósito elevado, luz, amor, poder, energía, claridad, paz, equilibrio y alegría. Imagina que te conectas con tu alma ahora mismo y haces sonar interiormente la nota de tu alma. Mientras lo haces, imagina que estas cualidades del alma fluyen hacia ti, convirtiéndose en lo que eres, fortaleciéndote en todos los sentidos.

2. Mientras haces sonar la nota de tu alma, permite que tu corazón se abra. Puedes expresar el propósito elevado de tu alma a través del amor. Imagínate irradiando la nota del amor y la compasión de tu alma a tus amigos, seres queridos, actividades, circunstancias, pensamientos, emociones y cuerpo. Irradia amor al reino animal, vegetal, mineral y a la propia Tierra si así lo decides.

3. Piensa en una forma específica de expresar ahora el propósito elevado del alma. Alineado con la nota de amor y propósito más elevado de tu alma, pregúntate:
   - ¿Cómo el expresar el propósito elevado de mi alma de esta manera aporta luz, alegría y armonía en mi vida?
   - ¿Cómo puedes aportar más luz, alegría y armonía a la vida de los demás?
   - ¿Cómo ayuda la creación de este objetivo a la humanidad?

4. ¿Qué paso, por pequeño que sea, podrías dar para expresar el propósito elevado de tu alma de esta manera?

PRÁCTICA DIARIA DE LA ALEGRÍA

Hoy puedes elegir acelerar tu crecimiento espiritual y crear aquellas cosas que sirven a tu propia evolución y a la de la humanidad, centrándote en tu propósito elevado. Establece tu intención de vivir en un propósito elevado hoy. Mientras piensas en el día que tienes por delante, imagina que eres consciente de tu propósito elevado a lo largo del día. Una forma de aumentar la conciencia de tu propósito superior es detenerte a menudo a lo largo del día, por ejemplo, cuando terminas una actividad o interacción y antes de empezar la siguiente, y preguntar a tu alma: «¿Cuál es mi propósito elevado en este momento?».

Cuando te hagas esta pregunta, tu ser interior te enviará energía y orientación sobre lo que debes hacer a continuación. Todo lo que necesitas hacer es estar abierto y receptivo a lo que venga a tu mente o a lo que suceda después. Tal vez tengas una idea nueva y creativa, o tal vez alguien vendrá a ti con algo que necesita hacer. Confía en que lo que ocurra después es la respuesta de tu alma y del Universo a tu pregunta: «¿Cuál es mi propósito elevado en este momento?».

Al final del día, reflexiona sobre cómo fue diferente al centrarte en tu propósito superior. ¿Cambiaste alguna de tus actividades? ¿Hiciste algo de forma nueva o diferente? ¿Cómo te sientes en lo que respecta al día? ¿Con qué frecuencia te acordaste de pedir orientación sobre tu propósito elevado? ¿Sucedió algo inusual mientras lo hacías?

Cuando te centras en vivir con un propósito elevado, estás en armonía con el Universo. Las puertas se abren; la sincronicidad tiene lugar. Estás en el flujo donde las cosas suceden con facilidad y alegría. Cuando te alinees con el propósito de tu alma y permitas que ese propósito se exprese en tus pensamientos, palabras y actividades, evolucionarás rápidamente en esta vida.

AFIRMACIONES

Acelero mi crecimiento espiritual viviendo en un propósito elevado.

Expreso mi elevado propósito en todo lo que hago.

Estoy viviendo en un propósito elevado ahora mismo mientras leo
y digo estas afirmaciones.

Sigo a mi corazón y hago lo que amo en cada momento.

Mi alma me trae todo lo que necesito para cumplir mi propósito.

Abro mi corazón. Experimento más amor y compasión cada día.

Aprecio toda la belleza de mi vida.

Las cosas suceden con facilidad y alegría en mi vida.

Hago sonar la nota de mi alma a través de mi voz con cada palabra
que digo.

Hago aquellas cosas que evolucionan, inspiran y elevan a los demás
y a mí a un nivel más elevado.

Estoy viviendo mi propósito más elevado mientras hago lo que amo.

Me reúno a menudo con mi yo más íntimo para conocer y vivir
mi propósito más elevado.

Creo en mí mismo y en la bondad del Universo.

Alineo cada célula de mi cuerpo con mi propósito elevado.

Me comprometo a vivir con un propósito elevado.

Confío en mi guía interior.

Ahora vivo en un propósito elevado.

Soy uno con mi alma y mi espíritu.

Soy uno con el Universo.

CAPÍTULO XVIII

Reconociendo el propósito de la vida: ¿para qué estás aquí?

Muchos de vosotros estáis en un estado de transición. Los estados de transición siempre crean mucha energía. Ya sea que te sientas bien o mal, ciertamente te sientes vivo, lleno de espíritu y energía, cuando tu vida está cambiando. Esa parte fuerte de ti, la parte que es capaz de separarse y observar, que está mirando la luz que quiere que tu vida sea mejor, más alegre y más pacífica, sale en esos momentos.

¿Para qué estás aquí? Reconocer el propósito de la vida te permite manifestar tu destino. No me malinterpretes; sois seres libres. No habéis establecido un rumbo antes de nacer que tengáis que seguir. Habéis sentado algunas bases, os habéis dotado de unos padres determinados y habéis elegido nacer en una parte determinada del mundo. Has establecido las circunstancias de tu vida para que te apuntes como un proyectil en una determinada dirección.

Una vez que estás aquí, tu vida es espontánea y se decide de un momento a otro. No hay un límite predeterminado para lo alto que puedes llegar. No hay límites.

Vives en un mundo sin límites;
puedes expandirte más allá
de todo lo que conoces.

Para conocer el propósito de tu vida, mira más allá de las formas de pensamiento masivas que existen. Muchos de vosotros habéis crecido con una gran presión para lograr y para ser, para haceros un nombre, para sentiros orgullosos de vosotros mismos, de una manera u otra. Cuando consideres el propósito de la vida, pregúntale a tu alma y a ti mismo: «¿Estoy haciendo esto para mí, para mi bien supremo, o lo hago para complacer a los demás, para estar a la altura de la imagen que tienen de mí? ¿Estoy cumpliendo este propósito para recibir una palmadita en la espalda o un reconocimiento? ¿O lo hago porque es algo que quiero hacer, que encaja con lo que soy y que me da alegría?».

Veo tantas expectativas y creencias en tu cultura sobre ser una persona buena y valiosa, como ganar mucho dinero, o ser conocido, o ser bastante espiritual y piadoso. Todas estas cosas pueden ser buenas si vienen de tu alma y son parte de tu elevado camino. Estas cosas pueden estar fuera de tu camino si las haces sólo para cumplir con una imagen que viene del ego o de la personalidad.

Mírate a ti mismo en este momento y pregúntate: si la sociedad no tuviera imágenes que sostuviera y admirara como buenas o correctas, ¿qué harías con tu vida? En tu cultura se ha puesto el acento en la productividad exterior en lugar de en la paz interior, la alegría, el amor y la compasión. Hay un sentido del tiempo que impregna todo: lograr esto o aquello a determinada edad o ser un fracasado. Hay una sensación de presión, de que todo debe hacerse rápido. Tienes todo el tiempo que necesitas para realizar las cosas que forman parte de tu propósito de vida.

Puedes relajarte y saber que, a medida que avanzas en el día, tienes el tiempo para lograr tu propósito. Si no sientes que estás logrando tu propósito, que no tienes suficiente tiempo, entonces te diré que lo que estás haciendo probablemente no es tu propósito. Cuando estás creando el propósito de tu vida, tienes suficiente tiempo, porque crearás el tiempo.

Lo encontrarás tan gozoso que todo lo demás se desvanecerá y tu determinación, enfoque y concentración están ahí. Si hay algo que te obligas a hacer por deber o por obligación, por sentir que la gente te admirará o te respetará cuando lo hagas, entonces probablemente no estás honrando la luz de tu alma.

Cada uno de vosotros tiene un propósito diferente, y no podéis juzgar a los demás por lo que veáis que hacen. Cada uno de vosotros se ha propuesto aprender ciertas cosas en esta vida para crecer todo lo posible. Muchos de los bloqueos para manifestar el propósito de la vida provienen de las formas de pensamiento de las masas culturales, de la falta de formación, y de otras personas, especialmente de las que están cerca de ti. En una relación personal cercana, la gente tiende a adoptar los objetivos y las formas de pensamiento del otro. Al examinar el propósito de tu vida, mira a las personas cercanas en tu vida y pregúntate si has manifestado lo que ellos querían para ti. ¿Tienes claro lo que quieres para ti? A menudo los que más te quieren pueden ser los que más te frenan, no a través de su negatividad, sino por su idea del amor, por querer lo que creen que es lo mejor para ti, o porque quieren que estés ahí para ellos, o que estés a la altura de sus imágenes y objetivos.

Al observar el propósito de tu vida, pregúntate qué harías si estuvieras solo. Si nadie en tu vida ganara o perdiera con lo que haces, ¿cambiarías tus decisiones? ¿Qué harías para ti mismo? ¿Qué te aportaría paz y alegría? Y si la sociedad no existiera o tuviera unos valores absolutamente diferentes, ¿seguirías amando lo que haces? Hace cien años muchos valores eran diferentes. La gente era admirada por muchas cosas que ya no se valoran. Las creencias de la sociedad son cambiantes y fluidas, y si basas tus acciones en lo que ves a tu alrededor, esas acciones no reflejarán necesariamente tu elevado propósito.

Imagina que eres una roca en un arroyo y que el arroyo se mueve a tu alrededor. Ahora, muchos de vosotros dejáis que la corriente os lleve hacia un lado u otro. ¿Estás centrado y equilibrado mientras la corriente fluye, o dejas que la corriente te lleve de un lado a otro?

Imagina que tienes una antena en tu mente y que puedes ajustarla ahora mismo, apuntando hacia arriba, hacia los ideales más elevados que te convienen. ¿Qué valoras en ti mismo? ¿Cómo quieres sentirte? Detente un momento y pregunta: ¿qué sentimientos quiero? ¿Cómo quiero que sea mi mundo en este momento? A nivel emocional, lleva esos sentimientos a ti mismo como si en este momento tuvieras tu mundo perfecto. Mantén esta antena ajustada hacia niveles elevados del Universo y estarás estable como la roca mientras todas las corrientes fluyen junto a ti.

***Es sólo una ilusión
que no tengas
lo que quieres.***

Si crees en lo que ves, entonces estás creyendo en las creaciones del pasado. Todo lo que tienes ahora en tu vida lo has creado desde el pasado. Todo lo que tienes de aquí en adelante puede ser creado en este momento y puede ser creado de manera diferente. No necesitas saber específicamente lo que vas a hacer hoy o al día siguiente. Puedes empezar por creer que sí que tienes un propósito, un propósito concreto, y puedes empezar a pedirle que se desarrolle para ti. Si empiezas a creer y actuar como si supieras qué hacer con tu vida, lo harás. Finge hoy que eres el capitán de tu barco y que a partir de hoy guiarás este barco de la manera que quieras. Te tomarás el tiempo que necesites, estarás con la gente que quieras, dirás «no» cuando quieras decir no, y «sí» cuando quieras decir sí. Comprobarás de hora en hora para ver si sientes alegría o paz o lo que hayas decidido que quieres sentir.

Algunos dicen que el propósito de su vida es servir y ayudar a los demás. Puede ser un propósito de vida muy bueno y verdadero si también prestas atención a tu propia vida. Cuidando de ti, poniéndote en un entorno que aumente tu sensación de paz y serenidad, belleza y armonía, estarás en una mejor posición para ayudar a los demás que si te centras en hacerlos felices y, sin embargo, no eres feliz tú mismo. Si cada persona viniera de un espacio de armonía y belleza, del yo superior y del alma, tendríamos una sociedad totalmente diferente. Ahora mismo, mira todas tus opciones y elecciones. Decide que a partir de hoy crearás el mundo que quieres. Ve a tu interior y encuentra ese punto de fuerza, esa parte de ti que siempre ha sido capaz de crear las cosas que querías, y siente cómo se fortalece. El mayor regalo que le haces a los demás es tener tu propia vida.

Los cambios y transiciones en la vida suelen ir precedidos de confusión, de una sensación de pérdida o dolor, o por la sensación de que las cosas se están desmoronando. Esto se debe a que hay poca formación en vuestra sociedad sobre cómo dejar ir y desprenderse de formas que ya no son apropiadas. Hay una forma de pensamiento masiva de escasez, que hace aún más difícil dejar ir, pensando que no habrá nada mejor para reemplazar lo que se está perdiendo. Si te centras en lo que quieres, si reconoces que lo que tienes es una creación del pasado que puedes cambiar, tu futuro puede ser el que tú elijas.

Llena tus pensamientos
con lo que quieres crear, y lo tendrás.

Suele haber un lapso de tiempo entre el pensamiento sobre lo que quieres crear y el tiempo que tarda en aparecer en tu vida. Este lapso de tiempo confunde e impide que muchas personas sigan pensando en cosas nuevas que quieren crear. Los pensamientos son reales y salen al exterior para crear lo que representan, y los pensamientos existen en el tiempo. Los pensamientos pasados pueden seguir afectándote durante un tiempo, incluso si cambia tu forma de pensar. Sin embargo, en dos o tres meses, los nuevos tendrán un mayor impulso y empezarán a crear nuevas formas externas y circunstancias que coincidan.

Hónrate a ti mismo como un ser único. Cuando estés con otras personas no compares tu camino con el de ellos. A menudo comparas lo que están haciendo con sus vidas con lo que tú haces con la tuya, y sientes que eres mejor o peor que ellos. En lugar de eso, ve hacia dentro y mira cuál es tu camino más elevado y compara tu vida con él. Lees historias en los periódicos sobre cosas que les ocurren a otras personas, y puedes pensar: «Esto me puede pasar a mí». No tienes los mismos pensamientos que ellos; no eres ellos. Lo que les ocurre a los demás se debe a lo que son, a sus creencias y pensamientos. Si escuchas las historias de otras personas, no las lleves a tu espacio y las interiorices, sino que pregúntate: «¿Cómo puedo ser fiel a lo que soy? ¿Cuál es mi verdad?». Cada persona tiene un camino diferente y es una expresión única de la fuerza vital.

El propósito de la vida
es cualquier camino que decidas,
porque todo es libre albedrío.

Antes de nacer, tu alma establece las condiciones que mejor te permitirán, a lo largo de tu vida, desarrollar ciertas cualidades, habilidades y direcciones. Puedes tener lo que quieres si estás dispuesto a mantener la visión y creer en ti mismo constantemente. Cuanto más creas de forma sistemática en ti mismo, mejores serán los resultados. Sería fácil si no hubiera contratiempos (como tú los interpretas) o pruebas en el camino. Honra cada aparente contratiempo, cada desafío o dificultad, porque refuerza tu propósito. Te da la oportunidad de comprometerte aún más con tu visión, de tener aún más clara tu intención. Si la vida fuera demasiado fácil o sencilla, la mayoría se quejaría de aburrimiento. Honra tus desafíos, porque esos espacios que calificas de oscuros están en realidad ahí para fortaleceros, para reafirmar vuestra determinación y para sacar lo mejor de vosotros.

Hoja de actividades

1. Cree que tienes un propósito de vida y pide que se desarrolle para ti. Una forma de hacerlo es cerrar los ojos y permitir que te venga a la mente un dibujo, un símbolo o una imagen que represente tu propósito aquí en la Tierra.

2. Lleva tu símbolo a tu corazón. Pide a tu alma y a las fuerzas elevadas del Universo que le den más luz y vida. Imagina tu símbolo cambiando de color, textura y tamaño. Siempre que tengas dudas sobre el propósito de tu vida, piensa en este símbolo e interactúa con él.

3. Reconoce que eres el capitán de tu barco. Estás guiando el barco de tu vida de la manera que quieres, sabiendo que al hacer lo que amas y sintiéndote guiado a hacerlo, estás viviendo tu propósito de vida.

4. Piensa en tu vida. Sabiendo que estás viviendo el propósito de tu vida mientras que haces lo que quieres con tu vida, responde a las siguientes preguntas:
   - ¿Qué actividades dejarías de hacer que no te aportan una sensación de vitalidad?
   - ¿Qué actividades introducirías en tu vida que te gustaría hacer?
   - ¿Qué relaciones cambiarías y cómo lo harías?
   - ¿Qué más cambiarías de tu vida?

PRÁCTICA DIARIA DE LA ALEGRÍA

Hoy, si lo eliges, comprométete a reconocer el propósito de tu vida de una manera nueva y más amplia. Con esta intención, imagina que te conectas con tu alma y las fuerzas elevadas del Universo. Afirma que estás preparado para saber más sobre el propósito de tu vida y tus próximos pasos. Decide que estás abierto al amor y a recibir todo el amor y la asistencia que están disponibles para ti.

Cuando pidas ayuda para reconocer el propósito de tu vida y aquello para lo que estás aquí, siente que la luz del propósito de tu alma se hace visible para ti, llamándote hacia delante y atrayendo tu atención hacia arriba. Permite que esta luz del propósito de vida ilumine todo tu ser. Recíbela en cada parte de tu cuerpo, las emociones y la mente. Afirma que reconocerás y serás consciente de tu propósito de vida cuando aparezca a lo largo del día en las relaciones, actividades y oportunidades que se presentan.

Pide que la luz del propósito brille a través de ti y disuelva todas las actividades innecesarias, las ocupaciones y las situaciones que no son tu propósito. A medida que la luz del propósito se hace más fuerte y visible para ti, las distracciones se desvanecerán. Habrá momentos especiales en los que surgirá una visión elevada mostrándote la realidad más alegre, amorosa y pacífica que te espera.

A medida que seas más consciente del propósito de tu vida y de que tu propósito guía tus acciones y palabras, todo en tu vida cambiará para mejor. Tus actividades y objetivos, tus relaciones, pensamientos y deseos se transformarán. ¡Abraza ahora todo lo que puedes ser y todo lo que eres!

AFIRMACIONES

Mi vida se está desarrollando de manera perfecta.

No hay límites para lo alto que puedo llegar.

Vivo en un mundo sin límites.

Soy fiel a mí mismo. Digo «no» cuando quiero decir no, y «sí» cuando quiero decir sí.

Mi propósito de vida ilumina mi vida y me muestra el camino.

Mi propósito de vida me guía en todo lo que hago.

Libero cualquier cosa que se interponga en el camino de vivir mi propósito de vida.

Ahora estoy viviendo el propósito de mi vida.

Mi vida mejora cada día.

Todo lo que necesito está dentro de mí. Estoy viviendo mi mayor potencial.

Mi visión interior es clara. Sé quién soy.

Todo lo que hago es algo que quiero hacer, encaja con lo que soy y me da alegría.

Tengo todo el tiempo que necesito para cumplir el propósito de mi vida.

Tengo la determinación y el enfoque que necesito para crear el
propósito de mi vida.

Elijo estar en un entorno que aumente mi sensación de vitalidad, paz
y alegría, ¡y lo estoy haciendo!

Mi vida funciona de forma maravillosa.

Sé que todos los desafíos están en mi vida para sacar lo mejor de mí.

Acepto todo lo que soy y todo lo que puedo ser.

Apéndice

Historias de nuestros lectores

Quiero compartir algunas de las historias que la gente ha escrito sobre sus experiencias con *Vivir con alegría*. Espero que las historias te inspiren y te ayuden a descubrir todas las maneras en que puedes poner en práctica los principios y las prácticas de este libro en tu vida. Una de las principales enseñanzas de Orin en *Vivir con alegría* es que podemos aprender a crecer a través de la alegría y no del dolor, la lucha o la crisis. Como escribió una mujer: «Hace siete años me encontré con el libro *Vivir con alegría* y me enamoré de él. Me enamoré de la idea de que podía y debía ser feliz y de que podía crecer con alegría. Lo he releído a menudo durante muchos años, y estoy experimentando más alegría y energía positiva. Es mi libro favorito de todos los tiempos». Otro hombre escribió sobre su decisión definitiva de dejar ir el dolor y la lucha en su perspicaz nota: «Quiero decir que las enseñanzas de Orin sobre cómo dejar de pensar en las cosas que te molestan me han ayudado mucho. Nunca me había dado permiso para simplemente DEJAR de pensar en cosas que me entristecían o enfadaban, y ahora puedo hacer esto. Me siento mucho mejor».

Pude sentir el corazón maravillosamente abierto de un hombre, y todos los regalos que tendría que ofrecer a su nuevo hijo, mientras leía de él: «Hola, soy actualmente un profesor de inglés, un marido y un nuevo padre que medita casi todas las mañanas y un poco antes de acostarse. He estudiado y leído con bastante regularidad *Vivir con alegría*. Me parece que los mensajes que contiene se quedan en el "fondo"

225

de mi conciencia y resuenan cuando me encuentro con situaciones o dificultades en la vida. Los libros me han ayudado realmente a elevar la vibración de mi vida, lo cual es un regalo inestimable, mejor que cualquier cosa que pueda imaginar. Me gusta leer los libros una y otra vez. Son muy estimulantes y puedo sentir que el amor me inunda mientras los leo e inmediatamente después».

Vivir con alegría *puede ayudarte si estás experimentando desafíos o pasando por un momento difícil.*

Si estás pasando por dificultades, o sientes que necesitas más confianza, amor propio o esperanza en un futuro mejor, encontrarás mucha orientación y apoyo en este libro. Muchos escribieron que *Vivir con alegría* les ayudó a superar una crisis al ayudarles a sentirse más seguros y tranquilos. Como escribió una mujer de forma traumática: «Hace diez años toqué fondo cuando lo perdí todo en este mundo en un espacio de dos meses. Mi casa se quemó, tuve un aborto y mi pareja me dejó. Encontré por casualidad su libro *Vivir con alegría*, y me recordó que podía hacer frente a todo. Le di un giro a mi vida después de leer este libro». Poner en práctica los principios que se enseñan en *Vivir con alegría* puede ayudarte a afrontar con más confianza los retos que se presenten en tu vida.

Una persona señaló con agradecimiento: «Un amigo me prestó *Vivir con alegría* después de una ruptura extremadamente molesta de una relación de larga duración, así como de muchos otros cambios que se produjeron en ese momento. Me encontraba muy angustiada. *Vivir con alegría* me ayudó a entender que no era feliz donde estaba y que el Universo estaba tratando de dirigirme hacia el camino correcto. El libro cambió mis percepciones y mi vida. ¡No podía devolver el libro a mi amigo hasta que tuviera mi propia copia!».

Vivir con alegría *puede cambiar tu visión de la vida y hacer que te sientas bien contigo mismo.*

La gente descubrió que *Vivir con alegría* cambiaba su visión de la vida, independientemente del tipo de retos o dificultades que estuvieran experimentando. Algunas personas tenían problemas de pareja, tenían dificultades económicas, habían perdido el trabajo o se enfrentaban a un problema de salud, propio o de un ser querido. Nos escribieron para contarnos sus problemas y dificultades, que habían cambiado después de leer *Vivir con alegría*.

Una mujer escribió valientemente desde el hospital: «Los libros me han cambiado a mí y a mi vida para ser una persona nueva, más cariñosa y positiva. Ahora tengo una nueva vida mejorada. Todo lo que he aprendido de los libros me ha salvado en el período más difícil de mi vida desde una enfermedad y los duros y dolorosos tratamientos por los que estoy pasando. La orientación de Orin tiene una gran influencia positiva en mí. También ayuda a mi familia a cambiar su punto de vista y a ver el lado bueno de la vida incluso en medio de las dificultades. Mi familia y yo estamos agradecidos por todos los importantes consejos y la orientación que ofrecen sus libros, no sólo *Vivir con alegría*, sino todos los libros de Orin».

Otro hombre escribió conmovido: «Es increíble lo seguro que te hacen sentir los libros de Orin, especialmente *Vivir con alegría*, y lo mucho que ayudan en los momentos difíciles. Tengo veinticuatro años, hace poco perdí a mi madre y a mi abuela, y ahora estoy acompañando a mi padre enfermo terminal. Es un momento muy difícil para mí, y este libro me ha dado fuerza y me ha ayudado a mantener la fe en la vida y en mí mismo. Ahora puedo ayudar con la visualización, enviando luz, incluso en situaciones en las que otros pensarían que no hay esperanza. Esto me ha ayudado y aliviado mucho. Los libros de Orin son densos en información y práctica, ofreciendo muchas cosas que hacer para crecer. Puedo leerlos una y otra vez, y todavía siento que estoy aprendiendo cosas nuevas, comprendiendo mejor y consolidando mis conocimientos».

La experiencia de una mujer me conmovió. Escribió: «Conocí *Vivir con alegría* hace años. Se lo habían regalado a una de mis amigas que se estaba muriendo de cáncer, y empecé a leerlo mientras la atendía (ella estaba durmiendo) y quedé totalmente absorta en él. A través de ese libro, Orin le hablaba a ella directamente, y las imágenes que conjuraba eran tan claras como si hubiera estado viendo la televisión o una película. Mi amiga moribunda me regaló el libro, uno de los regalos más importantes que he recibido... y lo he leído muchas veces desde entonces».

Otro hombre compartió su esperanza y sus nuevas fuerzas, escribiendo: «Los últimos años han sido muy difíciles. *Vivir con alegría* me ha dado la fuerza y el conocimiento que necesitaba para superar estos tiempos tan difíciles. He perdido mi trabajo y me he sentido muy mal con el mundo. *Vivir con alegría* me ha demostrado que hay esperanza y que puedo amarme y apreciarme a mí mismo y sentirme positivo sobre mi vida sin necesidad de que las cosas externas cambien. Y mi vida ya está cambiando para mejor desde que leí este libro».

Vivir con alegría *puede ayudarte a ser fiel a ti mismo.*

Algunas personas escribieron para decir que toda su vida se habían sentido diferentes en cuanto a sus creencias y sentimientos. Sentían que tenían que aparentar de cara a los demás. La lectura de *Vivir con alegría* les hizo sentirse mejor consigo mismos, más seguros de sí mismos, y capaces de respetar sus sentimientos ante los demás. Como comentó un hombre: «Los libros de Orin me hablan directamente, ofreciéndome lo que más necesito oír, saber y desear en la vida. Siempre me he sentido solo en la mayoría de mis creencias y nunca he tenido a nadie con quien compartir esta belleza. Estos libros contienen lo que parece que siempre he sabido, y que luego olvido en algunos momentos. Orin me ha ayudado a seguir adelante y a recordar quién soy».

Pude sentir el alivio y la gratitud de otra mujer que escribió: «Actualmente estoy leyendo *Vivir con alegría*. Mi corazón se llena de lágrimas de alegría mientras leo cada una de las páginas. Es como si Orin me hablara directamente a MÍ. He estado buscando una manera de amarme a mí misma durante mucho tiempo. He estado tan perdida, y ya no me siento perdida».

Vivir con alegría *puede ayudarte a sentirte más positivo en tu día a día, en tu vida y en tus relaciones.*

A menudo he recibido historias de personas sobre lo positiva y agradable que se ha vuelto su vida después de poner en práctica lo que han aprendido en este libro. El correo electrónico de una mujer estaba lleno de alegría al afirmar: «Disfruto leyendo *Vivir con alegría* en la playa los fines de semana. Me siento llena de energía, conectada y feliz cada vez que tengo este libro en mis manos». Otros escribieron que este libro no sólo mejoró sus propias vidas, sino que también se convirtió en una influencia positiva para los que les rodeaban.

Un hombre se mostró sorprendido por todos los cambios que experimentó y por lo fácil que fue hacerlos. Escribió: «He estado leyendo *Vivir con alegría*, y debo admitir que este libro me ha hecho replantearme muchos de mis puntos de vista y opiniones.

Así que ahora estoy intentando cambiar el modo de funcionamiento de mi mente hacia el pensamiento positivo. Aunque se necesita un poco de ejercicio. Sin embargo, es más fácil de lo que tenía previsto. Muchos de los problemas que solía tener desaparecieron repentinamente. De pronto me he convertido en un optimista. Mis amigos no pueden creer los cambios que ven en mí y me preguntan qué estoy haciendo. Les gusta estar conmigo».

Otra mujer disfrutó compartiendo lo siguiente: «He leído actualmente *Vivir con alegría*, y ha tenido un impacto muy positivo en mi vida. Me di cuenta de que una vez que empecé a leerlo de verdad, a escuchar los mensajes y a hacer los ejercicios, tenía más cosas positivas en mi vida. Le hablé tanto de él a una compañera de trabajo que acabó comprando el libro. Lo vuelvo a leer cuando siento que hay cosas que me estresan o me deprimen».

Puedes experimentar resultados prácticos e inmediatos al seguir los principios de este libro.

Muchas personas me escribieron para compartir historias inspiradoras de cómo han experimentado muchos resultados prácticos y cambios inmediatos al trabajar con los principios enseñados por Orin en este libro. Es posible que tú mismo experimentes muchos resultados prácticos, como los que describió un lector: «Estoy experimentando tremendos cambios desde que practico lo que está en el libro *Vivir con alegría*. Estoy viendo muchos resultados prácticos. Me encanta mi nuevo yo.

Me están sucediendo cosas que nunca creí posibles». Como compartió un lector: «Compré *Vivir con alegría* y leerlo fue una experiencia edificante en sí misma. Las palabras de Orin realmente me ayudaron a elevar mi vibración. Pude notar la diferencia de inmediato. Ahora lo estoy leyendo por segunda vez».

Puedes afectar positivamente a todos los que te rodean.

Muchas de las personas que escribieron nos dijeron que les gustó tanto *Vivir con alegría* que leyeron los tres libros de *Vida en la Tierra* de Orin. Como escribió una persona: «He estado leyendo *Vivir con alegría* una y otra vez. No puedo dejar de leerlo y lo he recomendado encarecidamente a otras personas. Llevo casi siete años en mi camino y he notado y sentido una enorme diferencia en mí. Estoy más tranquilo (la gente también me ha dicho que tengo un efecto calmante sobre ellos). Experimento la paz interior, la tranquilidad, la alegría, la felicidad y he abierto más mi corazón en lo que todavía estoy trabajando, así como en establecer límites. También estoy trabajando en mantener el equilibrio cuando estoy cerca de energías negativas o bajas, lo que ha sido un reto para mí. He evolucionado y crecido mucho en siete años, ya que sigo esforzándome por convertirme en mi yo más elevado».

Una mujer escribió con alegría sobre su transformación desde que leyó los libros: «Hola y gracias, en primer lugar, por su valor y la orientación al poner sus materiales a disposición para que aprendamos y crezcamos. Mi consejero me aconsejó que leyera *Vivir con alegría*. Quedé tan conmovida y mi vida cambió tan drásticamente que compré con entusiasmo *Personal Power through Awareness* y *Spiritual Growth*. Al leer estos libros, siento que soy una persona nueva y que he encontrado el eslabón perdido que siempre supe que existía. Estoy tan cerca de saber quién soy y por qué estoy aquí que tenía que escribir y compartir esto con ustedes. Orin me ha transformado a mí y a mi vida, y poco a poco se está extendiendo a todas las personas de mi alrededor a las que estoy ayudando y enviando amor».

Me encanta saber de ti y te agradezco mucho tus comentarios.

Encuentro tus notas, cartas y correos electrónicos inspiradores, y aprecio escuchar tu coraje, tu fuerza interior y tu determinación para crear una vida más satisfactoria y experimentar más alegría en tu vida. Al leer este libro, tú también puedes esperar muchos de los cambios que la gente escribió, como, por ejemplo: «Este libro me ha ayudado a comprender y me ha dado esperanza. Ha cambiado mi forma de pensar y, por lo tanto, mi vida». «He leído y estudiado *Vivir con alegría* y ha dado un giro completo a mi vida». «*Vivir con alegría* me puso en un camino completamente nuevo en la vida y por eso estoy profundamente agradecido». «Leí el libro *Vivir con alegría* y lo encontré muy útil, alentador y aplicable a casi todos los asuntos de mi vida. Me parece que es un gran apoyo y que me tranquiliza mientras cambio lo negativo por lo positivo».

Todos los que estáis leyendo este libro y cambiando vuestras vidas estáis haciendo una contribución a la conciencia planetaria. A medida que te comprometes a vivir una vida más alegre, pacífica, amorosa y satisfactoria, estás haciendo que esa opción esté más disponible para todos… Estás ayudando a cambiar la forma de pensamiento de la época de crecer a través de la crisis y la lucha en una de crecer a través de la alegría, la paz y el amor. Afirma, si lo deseas, que estás listo para crecer a través de la alegría en lugar de la lucha, la crisis o el dolor. Debes saber que, al hacerlo, no sólo estás cambiando tu propia vida para mejor, sino que también estás abriendo el camino para todos los que te siguen, que están buscando una manera de cambiar sus vidas para mejor.

Agradecimientos

Quiero agradecer de corazón a Orin su inagotable paciencia, orientación y sabiduría.

Quiero agradecer especialmente a todos los que leen y trabajan por la luz que estáis añadiendo al mundo al abriros a vivir y crecer a través de la alegría, el amor y la paz. Vuestras historias me llegan al corazón. Estáis abriendo la puerta a todos los que están un paso por detrás, para que ellos también puedan experimentar una vida maravillosa y alegre.

Quiero expresar mi profunda gratitud a Hal y Linda Kramer por su amistad y por su continuo apoyo al trabajo de Orin en la publicación de estos libros. Estoy muy agradecido a New World Library por su continuo apoyo a los libros de Orin. En cuanto a su apoyo en la creación de esta edición del aniversario de *Vivir con alegría*, quiero agradecer especialmente a Marc Allen, editor; Georgia Hughes, directora editorial; Munro Magruder, editora asociada; Kristen Cashman, directora editorial; Tona Pearce Myers, directora de producción; Jonathan Wichmann, asistente editorial; Mary Ann Casler, diseñadora de portadas; y Jeff Campbell, corrector independiente.

Quiero extender mi gratitud a quienes nos ayudaron a organizar el material de Orin y ponerlo en esta forma: Ginny Porter, por sus muchas horas de trabajo conmigo en la revisión de este libro; Edward Alpern, por sus años de trabajo dedicado con Orin; LaUna Huffines, por sus muchas contribuciones al libro original de *Vivir con alegría*; Trisha Stulder, por la gestión de la oficina de LuminEssence; Mitch Posada, por su hermoso arte y gráficos; y Marty Piter, por su trabajo como ingeniero de audio en todos los programas de audio de Orin, ayudado por Greg Badger.

Con profunda gratitud, agradezco a todos los distribuidores y a su personal, así como a todos los comprometidos y dedicados propietarios de librerías, y a aquellos que hacen que los libros de Orin estén disponibles a través de sus sitios web y tiendas online, todos los cuales hacen posible que los libros de Orin lleguen a vosotros. También quiero agradecer a nuestros editores internacionales, que han producido este libro en más de veinticuatro idiomas, haciendo que esta información esté disponible en todo el mundo.

Índice

A lo largo de la historia se ha pensado que sólo aquellos que tenían un talento especial podían conectarse con un guía espiritual, con su yo superior o con la mente unificada. La autora de *best sellers* y canalizadora Sanaya Roman ha colaborado con el doctor Duane Packer para escribir la primera guía paso a paso del arte de la canalización. Este manual puede ser utilizado por cualquier persona que desee abrirse a las dimensiones superiores.

La canalización es una habilidad que se puede aprender. Sanaya y Duane han formado con éxito a cientos de canalizadores utilizando estos procesos seguros, sencillos y eficaces. En este libro te explican cómo saber si estás preparado para canalizar, quiénes son los guías, cómo atraer a un guía de alto nivel, cómo entrar en trance y muchas cosas más.

Abrirse a canalizar es un libro innovador que podría acelerar tu crecimiento espiritual y abrirte la puerta a la iluminación.